ソーシャルワーカー・心理師必携

対人援助職のためのアセスメント入門講義

スーザン・ルーカス［著］
小林 茂［監訳］ 池田佳奈・久納明里・佐藤愛子［訳］

Where to Start and What to Ask : An Assessment Handbook

Ψ
金剛出版

何でもできる気にさせてくれる
キット、ミーガン、ゲイビーに

謝辞

この本の制作を手伝ってくださった多くの方に感謝します。読み手となってくれた三人の学生たち、Diana Manchester、Tracy Vandenbergh、Deiredre Maloneyに感謝します。不慣れな私に親切にしてくださったラトガース大学心理学部のMaurice Elias、スミス・ソーシャルワーク学院でのフィールド実習で思慮に富む鋭い批評をしてくださったSusan Donnerに感謝します。ハンター・ソーシャルワーク学院で学生観察の結果の利用を認めてくれたJudith Rosenbergerの熱意と勇気に感謝します。W.W. Norton and Companyと編集担当Susan Barrows Munroの導きと洞察に、そして何より書き手とその言葉への配慮に感謝します。

仕事の上では、やさしく献身的な臨床家たちに囲まれるという素晴らしい幸運に恵まれました。家族・子どもサービス（Family and Children's Service）ユダヤ系部門と、Patricia Nitzburgの洞察、知恵、忍耐、優れた統率力に感謝します。またVan Dalenの親切、優れた才能、人の感情に対する心からの理解、私の求めに応じて信頼してくれたことに感謝します。この二人の女性とEmily Shacherの賢明さとあり方は、私が大切に理想としている専門家像を体現しています。

最後に、学問の世界に踏み出した日から執筆のときまでインスピレーションを受けつづけている、ハンター・ソーシャルワーク学院Charles Guzzetta教授に感謝します。その知的な厳格さ、教育と学習への献身、寛大な精神、変わらぬ職業倫理がなければ、本書が著されることはありませんでした。

まえがき――本の執筆の経緯と理由

私がMSWプログラムのソーシャルワークの学生としてフィールド実習を開始してから数週間と経たないとき、スーパーヴァイザーに、新人臨床家にとって最も重要なことを尋ねました。彼は**「最初が肝心」「クライエント***を知る必要がある**」と答えました。これはもっともらしい決まり文句みたいに聞こえるかもしれません。しかし、健全な実践と有用な介入のための最高の原理です。

こうして焦点を定めることで、私はどこから始めるべきか不安を感じずにいられたわけです。それはスーパーヴァイザーに質問をした日に気づかされたことでした。そして、私の愛する多くの教え子も同じように、どこから始めたらよいかわからなくて不安になっていることに気づきました。もちろんある程度の不安は避けられませんが、スーパーヴァイザーに頼ることは役に立ちますし、頼ったからといって私たちの知識や面子を損なわないのがほとんどです。私たちがクライエントに抱く印象と確かな情報を、スーパーヴァイザーにどのくらい提示できるかによって、情報を取りまとめてクライエントの問題とニーズを理解できるかが決

---

*――私はソーシャルワーカー（SW）として訓練を受けているので、本文中でサービスを受ける人々のことを**クライエント**としています。訓練を受けた職種や職業によって、患者と表現するほうがなじみがあるかもしれません。

まるからです。

この本の目的は、簡潔で一貫性のある系統立った方法で情報収集を徹底することです。この方法を実践することで、あなたの不安は減っていくはずです。

また本書では、多くの質問とその質問が投げかけられそうな状況について解説します。ただし、この本が想定したことがすべてクライエントに当てはまるわけではありません。また、すべての「答え」を与えるものでもありません。面接後、自分自身に問いかける人もいます。スーパーヴァイザーと話し合う人もいます。誰かに尋ねる機会のない人もいるかもしれません。この本の考え方はシンプルで、これらの質問を必要なときにいつでも活用できるようにすることです。

これらの質問が最も必要となるのは、**臨床アセスメント***の段階**です。アセスメントの目的は、あなたとスーパーヴァイザーがアセスメントの正確な結果を作成し、入念な治療計画にまとめることです。所属機関によっては、あらかじめアセスメントが臨床プロトコル（治療計画）に盛り込まれます。初回面接のあいだに、提示された問題の性質の記述、クライエントの個人史、根本にある病識などを書面として作成します。加えて所属機関が提供できるサービスの種類とクライエントのニーズが一致するか、それをあらかじめ判断することも期待されています。

アセスメントの最終段階では、わかったことよりも多くの疑問が見つかるでしょう。第一の疑問は、「このケースを自力で担当できるか」ということです。答えは「ノー」です。あなたにはサポートが必要です。スーパーヴァイザーからは特に助けられることでしょう。それだけではなく、訓練内容の大半は、アセスメントで適切な判断を下せるようになることを目的としています。残念ながら、この目的を達成しないうちに、あなたはクライエントとの実際の面接を始めることになるでしょう。そこでスーパーヴィジョンを受けはじめても時遅しです。なぜでしょうか。

理由のひとつは、スーパーヴァイザーが多忙だからです。スーパーヴァイザーは、自身の担当ケースも多いだけでなく、学生やスタッフの指導監督の責任もあり、多くのケースのことを考えています。スーパーヴァイザーがあなたに割ける時間も限られていますから、効率よく情報提供をする必要があります。

もうひとつの理由に、所属機関が面接の録音を許可しない限り（録音には倫理的および臨床上の問題がありますし）、スーパーヴァイザーが面接の実際を知るすべがない、ということがあります。あなたは、クライエントが何を語り、語るときに何をしていたか、そこでどう感じたか、面接の詳細な記録を取るでしょう。けれども、ひとつの不備もない記録など不可能です。さらに、スーパーヴァイザーは実際にクライエントに会うわけではないため、あなたが提供する情報に大きく左右されます（例外として、ケースがスーパーヴァイザーからあなたに引き継がれた場合や、同じ施設内で働いている他のスタッフもクライエントのことを知っている場合があります）。

したがって、あなたは面接を始めると、当分のあいだ、不安を感じながら進めることになります。自分が何を行い、何を言うのか、相手に聴き、相手を観て、考え、感じ、すべてを理解しようと努めるでしょう。つまり、**わからない**という感覚と付き合うほかないのです。抽象的で哲学的に感じられたとしても、それが現実だと思ってください。

あなたは、心を痛めているクライエントの面接をします。クライエントは、想像を絶する喪失を繰り返し経験しています。クライエントが何か答えを求めている、あるいはいずれ求めはじめることがわかると、す

＊――所属機関によってはアセスメント（査定）は、包括的アセスメント、診断評価などと呼ばれます。この本では、アセスメントを生物‐心理‐社会的な評価を行う作業としています。

ぐにクライエントが楽になるように行動し、安心させたいという強い欲求を感じます。しかし、今のあなたには不可能です。なぜでしょうか。

答えは実に簡単です。クライエントに耳を傾けているあなたは、クライエントのことを何も知らないからです。あらかじめクライエントの個人ファイルを読んでいたとしても、背景事情を知っていたとしても、何がクライエントを突き動かしているのかは、ほぼわからないのです。予想はできたとしても、クライエントの人生がどのようなもので、何がクライエントを楽にさせるのか、何がクライエントを恐れさせているのかはわかりません。そのため、クライエントがあなたの情報やアドバイスをどう受け取るのかは判断できません。クライエントが都合よく受け止めたとしたら、あなたの真意が無視されたか、あるいは、誤った安心感を与えたのかもしれません。最悪の場合、クライエントや周りの人に危険が及ぶかもしれません。あなたを怯えさせたくて、こんなことを言っているのではありません。個々のクライエントを唯一無二の存在と考え、人間の心は複雑でとらえがたく、つねに最大の敬意を払うべきものだと意識できるようになってほしいのです。

このようなジレンマと、あなたが得られるサポートの限界を示したところで、ようやくこの本を書いた理由を語ることができます。本書の目的は、早まった仮説を立てたくなる衝動にあらがい、待つことや、わからないがゆえの心もとなさ、葛藤の感情に耐え、目の前に座っている人を知るための指針を与えることです。この本では、さまざまなタイプの面接を行うための指針や、アセスメントの標準的ツールを提供します。あなたが知っておくべきこと、どう気づくべきかという方向性、何を見るべきかという手がかりを示します。すべては重要なひとつの問い、**「どのように真に治療的に意義のある方法で、目の前のクライエントに対応するか」**ということに応えるためです。

さらに、あなたや、スーパーヴァイザー、治療チームが使用できる文書を作成するために本書を役立ててもらえることを目指しています。

アセスメントを開始する前に、この本の方針についてもう少し付け加えておきます。

第一に、この本は、文化的・民族的に多様で、男性・女性・子どもの集団にサービスを提供する地域精神保健クリニックを意識して書かれています。したがって、個々の臨床環境やクライエント固有の状況や特性にあわせてアレンジする必要があります。

第二に、私自身は心理学の訓練を受けており、心理学的な示唆をするかもしれません。けれども、この本は治療の実施に関して特定の理論を強いるものではありません。専門職養成学校によって訓練方法は異なります。教師たちは治療の進め方について、何が効果的で何が効果的ではないか、それぞれ独自の考えをもっています（グループ、個別カウンセリング、家族の関わりなど）。あなた自身の傾向もあるでしょう。あなたの学校や教員が、ある臨床家や学派に傾倒しているかもしれません（たとえば、古典的フロイト派、自己心理学、対象関係論、行動主義、折衷主義など）。しかし、オリエンテーションや学派を問わず共通しているのは、**責任ある徹底したアセスメントが不可欠だということ**です。

能力不足で徹底したアセスメントができそうにないと思うなら、次の二つのことが役に立つかもしれません。

ひとつは、クライエントと初めて会うときにすんなり解消されることです。クライエントが実に長く問題を抱えてきたという事実に注目しましょう。たとえば、クライエントが子どもであっても、最近の心的外傷の出来事が関係していても、家族と連携していても、つねにクライエントの精神内界とのあいだには対人的作用があります。変化には時間が必要です。私たちは、奇跡を起こす臨床家でもなければ魔術師でもありません。あなたが着手しているのは、数ある取り組みのひとつにすぎません。あなたとクライエントは、今まさに取り組んでいる問題への対処のうち、役に立つ部分とそうでない部分を**協同作業**で理解していきます。互いに力を尽くせば、クライエントが問題に対処するための**強み（ストレングス）**を築いてきたのか、あるいは生来のものなのかがわかってきます。アセスメントを行うなかで、クライエントが強みを発見し、それを支えとすることが重要となります。初めてクライエントと向き合ったとき、**クライエントには強みがある**ことを疑わないようにしましょう。クライエントが混乱しているように見えても、話し、働き、遊び、食べて、何とか自分の人生を送っているという事実を忘れないようにしましょう。たとえ強みが機能していないように見えても、どこかで健康でありたいと望んでいるのです。さもなければクライエントはとうの昔に死んでいる……そう思ってください。

そしてもうひとつ、まだ不十分だと思うなら、**時間はたっぷりある**ということを思い出しましょう。いつかあなたは実習して学ぶことに疑問をもち、気持ちが遠ざかるようになるでしょう。それでも、あなたは他の常勤臨床家より担当ケースが少ないはずです。クライエントのためにたくさんの**時間をかけられる立場**であることを思い起こしましょう。時間をかけた分、あなたの優しさ、献身、関心によって、クライエントと関係を築くことはできます。その関係は、安心できる体験としてクライエントに記憶されるでしょう。

ソーシャルワーカー・心理師必携

対人援助職のためのアセスメント入門講義

目次

ソーシャルワーカー・心理師必携
対人援助職のためのアセスメント入門講義

第1章 成人の初回面接をどのように実施するか

どこから始め、何を質問するか

成人の初回面接にとりかかる準備をしましょう。

この本では、異なる課題をもつクライエントとさまざまなタイプの問題を巡る**「初回面接」**について説明します。ただし、どの設定であったとしても初回面接の目標はいつも同じです。

目標のひとつは、**クライエント自身の言葉で話をしてもらうこと**です。あなたは、初回面接の前にたくさんの資料を読んでいることでしょう。それでも、クライエントが面接に来た理由や、クライエントが自分で考える問題理解を直接聞いたり、考えを引き出したりすることが大切です。それは、クライエントによる問題の解釈や位置づけをそのまま受け入れたり同意するということではありません。単に、クライエント自身から話を聞こうということです。

もうひとつは、クライエントの考える問題が面接するほどのものではなかったとしても、あなたが**問題を理解したことをクライエントに知ってもらうこと**です。ここには、クライエントの話をじっくり聞き、「パートナーとの関係で難しい問題を抱えているのですね」「利用しないで済むなら、本当はそうしたいと思っているのですね」といった簡単な言葉で確認することも含まれます。

あなたがクライエントに関心をもって聞いて理解しようと努めていることが伝われば、クライエントの治療参加への大切な第一歩になるでしょう。たとえ問題に対するクライエントの理解に同意できなくても、今はそれを扱うときではありません。家族療法など、治療によって、家族の問題の受け止め方を違った枠組みを用いて言い換えることもできます。これは家族を扱う章で取り上げることにします。ここでは、初回面接の最優先の目的は、**あなたがクライエントに耳を傾け、理解に努めていると知ってもらうことにある**、と覚えておきましょう。

この二つの目標を念頭に置きながら成人の初回面接を進めます。ここで紹介するのは「自分の意思で来談した成人の初回面接」です。つまり、クライエントは自分には治療が必要であると自覚しており、治療の可能性を探るためにやってきたわけです。この**「可能性を探る」**という言葉が導きになります。クライエントは問題解決のためには助けが必要だと感じています。ただ、クライエントが助けを求めてもがいているからといって、何が問題かわかっているわけではありません。どの治療が助けになるのか、クライエントがわかっている必要もありません。あなたに担当セラピストになってほしいわけでもないのです。これはあなたの仕事の、ほんの一部分です。クライエントがドアを開けて入ってくる前に、事前準備をしなければなりません。

多くの機関では面接の事前準備の一環として、クライエントについて記録された文書に目を通します。そこに記載されているのは、クライエントが語った問題の二行ほどの要約か、予定の段取りに使用する電話番号だけかもしれません。また、ケースが引き継がれた場合には、病歴、精神医学的評価、精神状態検査、前任者（または臨床家たち）による生物－心理－社会的アセスメント、前任の臨床家の進捗メモ、心理検査の所見、診断コード、その他たくさんの種類の情報を含んだ膨大なファイルがあったりします。文書が二行であっても、あるいは五〇ページであっても、**「私が知る必要があるけれど、知らないことは何か」**を明らかにしましょう。

クライエントとの予定を調整する電話を入れる前に、明らかにしたい**必要な項目を書き出してから連絡**しましょう。たとえば、クライエントの現在の問題をさらに明確にするために適切で妥当な相談機関に通っているか、誰かがクライエントに面接料金の説明はしたか、複数の人がケースに関係しているとしたら初回面接に誰を含めるべきか、などです。スーパーヴァイザーや最初に電話を受けた人と、何が必要かを話し合いましょう。

●初回面接の前にスーパーヴァイザーに聞くべきこと

1. クライエントのケース記録を読んで生じたすべての疑問
2. 初回面接に誰を含めるか
3. セッションをどれくらい続けるべきか
4. どのくらいの頻度でクライエントと会うべきか
5. どのようにあなた自身を紹介するか
6. いつ・どのように初回面接の内容を記録するか

記録が膨大であっても、**何か見落としていないか**自問しましょう。たとえば、診療情報の重要性については第3章で学ぶことになりますが、診療記録の情報がひとつもない場合、情報がないのはなぜかという疑問が生じます。その人が別の機関に通っていたとしたら、請求した記録は届いているか。服薬しているならば、どのような種類で、どのくらいの量で、誰が処方しているか。年齢、民族、家族構成、現在の問題、ＩＱスコア、診断など、**基本となる事実**を書き出します。頭のなかで、その人物についての経歴をまとめることから始めて、知りたいことを明らかにし、自分の課題をこなします。ほかにも気づいたことがあれば問いを投げかけてみましょう。

このような作業をするのは、クライエントの**本当の姿を見出す**ためです。ファイルにある情報の有用性と正確さは、記録した人の能力や洞察に比例します。たとえば、ＩＱスコアは、検査が行われたときのクライエントの精神状態にたやすく影響を受けます。診断は、診療医、診断の目的、クライエントを診る状況によって変化します。クライエントの第一言語が英語、スペイン語、中国語だったとしても、インテーク情報は日本語で取っていた可能性があります。診療情報が地方病院の緊急診療外来の記録のみで、かかりつけ医のものを含んでいない可能性もあります。もしかしたら書かれているものには、臨床家の経験不足や偏見、クライエントに対する敵意が反映されているかもしれません。どんな要因が作用しているかわからないので、記録の矛盾を把握し、疑問をもつことが重要です。

クライエントに電話をするつもりなら、クライエントが**電話に出たときから関係が始まる**、ということを覚えておきましょう。そして、専門家としての**配慮**を心がけます。ただし、電話の目的は電話越しにセラピーを行うことではなく、お互いに都合の良い直接会える時間を設定することだと覚えておきましょう。クライエントは不安かもしれませんが、電話越しにどのような不安があるのか探ることはしません。また、助けを求められても応えるのは容易ではない、ということも覚えておいてください。あなたは今、初回面接を手配しているのです。次に、幸い専用の面接室が割り当てられていたら、周りを見回します。そこが訪ねたくなる場所になっているでしょうか。クライエントが子どもを連れてくるのであれば、親が話しているあいだ、子どもが遊んでいられるものはあるでしょうか。クライエントが車椅子の利用者なら間口を通り抜けるか、他の部屋を手配したほうがよいのでしょうか。通訳が必要な外国の方であれば、通訳者がいれば安心でしょうか、第三者がいることを気にするのでしょうか。ほかにも、机の上の家族の写真や、飾られた個人的な記念品がクライエントに影響を与えないでしょうか。クライエントが、それを見たときにどのような印象をもつかわからないからです。それらを片づけてもよいかどうかも、スーパーヴァイザーに尋ねてみましょう。

初回面接の準備を続けます。次の話題は「**どのようにクライエントが話したことを記録するか**」です。以下のように、記録の取り方にはいろいろな立場があります。

- 決してメモを取らず、ただ注意深く聞きましょう。
- あなたの記憶を呼び起こしそうなフレーズを書き留めるために、つねに筆記用具を用意しましょう。
- 録音をしましょう。
- 録音をしないようにしましょう。

答えは所属機関が定めている場合もあれば、あなたに方針が任されていて不安になったり困惑する場合もあるでしょう。所属機関で、人の話を聞きながら記録することは失礼にあたるとみなしたり、クライエントから注意がそれるため好ましくないとされていても、**初回面接のときは例外**です。正確な基本的情報の取得は必須ですから、ひとつの進め方として、情報を正確に取得するために記録するという目的を伝え、**クライエントの了解を得る**ようにしましょう。たいていのクライエントは、「いいですよ」と答えます。もし例外の出来事があったとしても、面接後に記録を作成するという必要不可欠な習慣を養うだけのことです。毎回すべてを書き留める時間はありませんから、いくつか印象に残ったカギとなる言葉を書き留めます。五つか六つの重要な言葉や発言を書き留める練習をすれば、後からでもだいたいの会話を再構築できます。

クライエントを迎える準備を整える一つひとつの瞬間が大切です。クライエントに関わる人が何人必要なのかは、状況によって異なります。ただし、礼儀や関心、これは交通関係などではなく仕事上の関係だという明確なメッセージを伝えるといった、いくつかの基本原則はあります。

受付スタッフに頼んで、クライエントを面接室に通してもらうのではなく、できるだけあなたが入口から出て**クライエントを招き入れる**ようにしましょう。ただし、自己紹介にもいくつか種類があります。たとえば、「私はスーザン・ルーカスです」か、「私はルーカスです」か、「スーザンです」といった具合です。それから、挨拶でクライエントと握手をするかどうかにも気をつけます。クライエントの臨床的見立てとセラピーの状況によっては、身体的接触がセラピーへの誤解を与え、脅威を与えるかもしれません。事前に、スーパーヴァイザーと懸念事項をすべて協議しておきましょう。

クライエントに挨拶し、面接室に向かうときに、**すでに面接が始まっている**ことを覚えておきましょう。そのあいだ、クライエントが語ることを注意深く聞き、全体的な第一印象を心に留めます。案内したときに、クライエントが面接室にどのような反応を示すかにも注意しましょう。クライエントは何と言うでしょうか。クライエントは座る場所をどのように選ぶでしょうか。クライエントがいつも通りに話せる距離で向かい合って座れるように、座席を移動することもできます。座席が離れたところにあると、クライエントとの距離を感じるでしょう。腕を伸ばして相手に届く距離が親しい人との距離という文化圏もあります。その文化圏出身のクライエントであれば、椅子を寄せることができます。クライエントがどこに座ればよいか混乱して指示を待っていないか注意しましょう。

クライエントが快適でいられるように**手助け**しましょう。防寒着をかける場所がわからず困っていないか、座った位置は落ち着けるか聞いてみてください。しかし、クライエントが断る場合は無理強いしないということを覚えておきます。目的は、支援者のやり方にクライエントが合わせるのではなく「**クライエント中心に始める**」ことです。クライエントが快適でいられることに関心を寄せましょう。クライエントが席に着き、話しはじめたら、そのまま話をしてもらいます。そして、**細心の注意**を払います。おおむねクライエントが最初に語ることが、最も意味ある話題です。

自己紹介でインターン（研修生、学生など、養成学校や所属機関で呼び名が異なる）であると伝えると、クライエントが語るのを躊躇することがあります。期限付きで所属機関にいる場合には、スーパーヴァイザーや学校に、クライエントにその事実を伝える場合の方針を確認しましょう。たとえば、担当が学生で、研修終了日にその機関からいなくなることを、最初に伝えておくほうがよいと考える人もいます。あるいは、所属スタッフと同じように振る舞い、研修終了が近づくまでクライエントに伝えないほうがよいと考える人もいます。この問題について、クライエントとの面接を開始する前に、納得できる明確な方針があればベストです。

クライエントのなかには、この問題にこだわる人がいるかもしれません。彼らはあなたの資格について知りたいと思うか、あるいは「あなたではなく、医師に診てもらいたい」と伝えてくるかもしれません。所属機関におけるあなたの役割や、他の職種のスタッフについて説明を求めるかもしれません。クライエントからこれまでのセラピー経験について話題が上るかもしれません。一般的には**あなた個人についての議論に立ち入らない**ほうがよいでしょう。たとえば、支援者が若いから、あるいは年配だから、子どもを育てたことのある親でないから、問題を理解できず、わかってもらえないと感じるクライエントもいます。こうしたクライエントの懸念は、何度か面接をして支援者の関心と専門性が実証されれば、解消されるはずです。自己開示する積極的な理由を感じたり、相手からそう伝えられない限り、あまり明らかにしないほうがよいでしょう。面接の目的はクライエントのもがいている困難を自ら理解できるようにすることだと説明すると、問題はほぼ解決します。

それが難しければ、関心の焦点は**クライエントのニーズ**がどこにあるのか、それらをどのように満たすかという問いに留まるのがベストだと覚えておきましょう。ひとつ方法があります。クライエントに、どうしてこの場にやってきたのかという率直な質問をして、話しはじめる手助けをすることです。もしくは、インテーク情報からクライエントの状況について何か知っていたら、「あなたのパートナーが二カ月前に亡くなったそうですね。少しそれについて教えてもらえませんか」と伝えましょう。面接の目的は、事前にどれくらい知っていたとしても、**クライエント自身の言葉で語ってもらう**ことです。

それから、クライエントが話しているあいだ、最も重要な務めは**聞くこと**です。クライエントの話にあなたの言葉や感情を挿し挟むことではありません。クライエントが説明する状況に、あなたを怒らせたり、怖がらせたり、力量の不足を感じさせることがあるかもしれません。けれども、このことは、クライエントが感じていることを、そのまま受け入れることではないのです。できる限り感情的に**中立の言葉で応じる**必要があります。「怒り狂ってる」「無能だ」「私なら……と感じたはず」というあなたの意見を含んだ言葉は避けてください。また、「抑うつ的」「焦燥」「罪の意識がある」といった臨床用語も避けましょう。ただ単に聞いて、「とても苦しかったのでしょうね」「とてもつらいことだとわかります」と伝えながら、クライエントに経験したことを語ってもらいます。クライエントにとって何がつらいのか、それがどのような困難を意味しているのか、ということを明確にしましょう。

クライエントが話をするあいだ、支援者からは何も話さないかのように受け止められるかもしれません。しかし、そうではありません。たとえば、あなたが未知の国に到着し、その国の人の習慣を理解しようとしているところを想像してみてください。人種、宗教、社会情勢が異なる出自の場合、自分の文化的価値と個人的価値のどちらも異なるはずです。そこで行うべきは、違いを自覚して、あなたの価値観でクライエントの経験を評価・判断しないで理解することです。

次に、クライエントの**人生特有の領域を探る**ようにします。たとえば、「その人は義理のお姉さんですか」「何回も引っ越しをしたのですか」「お母さんが亡くなってから大きな変化があったようですね」のように、クライエントが語った経験について質問するようにします。それから最も重要なことは、あなたから「私はわかりません」と伝えてもよいということです。クライエントは、あなたが関心を寄せてくれたことに感謝するでしょう。誰が／何が／いつ／どのように、ということを明らかにすることが、クライエントへの関心の示し方なのです。

しかし、**「なぜ」という質問はしない**ようにしましょう。たとえば、「なぜお父さんはそんなことをしたのですか」「なぜそう感じたのですか」「なぜ兄弟にそれを伝えられないのですか」などです。これらの質問への応答は、動機への理解や、クライエント自身や他の人の振る舞いについての洞察を求めることになります。暗にクライエントの感情を明確にさせることになります。クライエントが自ら洞察し、自分の感情を明確にするかもしれませんが、今は気持ちを尋ねるときではありません。

これにはいくつか理由があります。最も明確な理由は、クライエント自身も答えを知らないことがあるからです。クライエントは、今までにその疑問すら抱いたことがないかもしれません。その場合、意図せず、なぜという質問がクライエントに無力感を与える危険があります。二つ目の理由は、クライエントの内心では、すでに答えを知っているかもしれないからです。その答えはクライエントに葛藤をもたらしており、意識して話さないようにしているのかもしれません。心の準備ができていない事柄を話さなければならなくなれば、葛藤を抱かせてしまい、セラピーに来なくなるでしょう。三つ目の理由は、クライエントが求められる以上を語るかもしれないからです。そのとき、クライエントが心を「開いた」状態で「たくさんの気持ちを感じることができた」素晴らしい面接となっているという錯覚に陥ります。しかしその後、ふたたびクライエントに会えなくなる危険もあります。クライエントは「すべて吐き出した」という気持ちになり、見知らぬ人に心のうちを明かしてしまった屈辱や恐怖を感じて来談しなくなるのです。

●覚えておきましょう

- 誰、何、いつ、どこ、どのように、と尋ねてください。
- 「なぜ」と尋ねないこと。

クライエントには**権利**があり、あなたには**義務**があることを覚えておきましょう。特にクライエントから打ち明けられた事実が、クライエントにどう影響するかはわかりません。心の準備ができていないのに個人的感情に侵入された、という感覚からクライエントを守る義務があるのです。

ここまでの内容をまとめると、クライエントの気持ちや動機を掘り下げるのではなく、クライエントが提供できる**事実と情報のみを聞く**ということになります。クライエントが最初から自分の気持ちにはっきり気づいていたら、おそらく問題の解決のために来談することはないでしょう。さらに「なぜ」を尋ねると、説明と結論を急ぐことになるため、クライエントの問題を拙速に判断してしまう可能性があります。

そこで、初回面接でどのような情報を集めたいと考えるか。最初に、クライエントが六カ月前か六年前かではなく、なぜ**今、この場所にいるのか**という情報です（臨床用語でいう〝現在の問題〟）。手もとに基本的なデータがなければ、まず基本的データから集めます。たとえば、名前、年齢、婚姻歴、職業、どこで誰と住んでいるか、以前に何らかのセラピーを受けた経験があるか、成育環境の予備情報などです。また、多寡を問わずサポート資源に対する意識についても情報を集めます。たとえば、友だちはいるか、親戚は近くに住んでいるか、仕事の同僚との関係は良好か、といったものです。その答えはおおむね自然に語られます。自分から話さなければ、こちらから尋ねましょう。

初回面接の終わりに向けて、クライエントからの質問に応える十分な時間を残しましょう。それから、クライエントが継続して面接に来たいか確認します。たとえば、父との死別でつらくなっていることや、子どもの問題でつねに正解を見つけるのは難しいことなどの見解を示すことで、クライエントは来談の決断を促されるでしょう。

最終目的は、**クライエントがふさわしいと思える言葉で、お互いに今の問題を位置づけて合意に至ること**です。望ましいのは、「それが私の伝えたかったことです」というクライエントの発言です。けれども、位置づけの合意に至らなくても、最初のうちは落胆しないようにしましょう。クライエントの援助要請を深めて明確にできるためにも、続けて来談するよう勧めることは、まったく問題となりません。

クライエントが来談を継続するとしたら、次の面接時間を手配します。所属機関が求めていれば、クライエントに、サービスの提供を承諾する書類に署名してもらう必要があります。クライエントの料金の支払い方法、保険の適応の有無、記入の必要がある書類についても説明する必要があるでしょう。

クライエントは面接で話した内容を他の誰かが知ることがあるか、秘密保持の問題を気にするかもしれません。秘密保持の問題は別の章で扱いますが、重要なことがあります。実際問題、クライエントの秘密が絶対に守られるという考えには例外があることです。たとえば、通常チームで治療方針決定に当たる機関では情報が共有されます。学生の訓練場面や、セミナーや事例検討などグループディスカッションが行われる学習場面も同様です。さらに重要なものとして、クライエントに自傷他害の危険がある場合は、守秘義務に法的例外があります。

秘密保持の問題についてスーパーヴァイザーと事前に話し合っておきます。どのような例外があるかを知り、基本的なガイドラインを知っておきます。所属機関でどのように定められているかを知って準備をしておけば、心おきなくクライエントと話せるでしょう。クライエントと例外事項を確かめ、書面による同意なしに情報が所属機関から持ち出されることはないと伝えて、安心してもらいましょう。

●秘密保持

1. どのような状況であれば、法律によって守秘義務が解除されるのか確認しておきましょう。
2. 上記の状況を除いて、つねにクライエントの情報を他の機関と共有する場合の承諾書を、クライエントからもらってください。
3. クライエントについての問い合わせを受けたときは、クライエントが治療に参加しているという事実さえ、クライエントの許可を得なければならない秘密情報であることを覚えておきましょう。
4. あなたが所属機関の外で事例を提示するときは、秘密を保持するために、クライエントの名前を改変し、生活環境などを十分に加工してください。

秘密保持規定があれば、不要だと思われるときでも、**秘密をもらさない習慣**を身につけましょう。実名を出すことが不可欠でない限り、クライエントについて話すときには名前を改変します。所属機関外の人と事例について話し合う場合も同様です。一般に、正式な訓練場面であれば、改変の必要を感じないかもしれません。それでも、できるだけ情報提示は控えめに、そして提示する内容を改変します。また、学校で同僚に話すときも、世間は本当に狭いことを覚えておきましょう。学校の同僚と話しているときに、偶然クライエントが会話を耳にするかもしれません。オフィスでこっそり話すのがベストです。

さて、新しく来談したクライエントと来週ふたたび面接する同意が得られたとします。クライエントには、所属機関の規定で一回の面接が四五分間であることを伝えます。また、治療チーム内でどのようなアプローチが最も有用かを議論し、次の面接でその結果をクライエントに報告する約束をしたかもしれません。忘れずに、クライエントに次回面接の日時を記した**予約表**を渡しましょう。しかし、すべてのクライエントに渡すかどうかは個別の判断となります。**予約表**は、クライエントが困らないように、スタッフ側の判断で作成するとよいでしょう。クライエントは、さまざまな理由で約束をキャンセルしたり忘れたりします。次回の面接日を知らなかったからキャンセルした、ということにならないようにしましょう。

これで成人の初回面談は終了です。新規のクライエントを導くための準備が整いました。立ち上がり、クライエントの帰りを見送るためにドアに向かいます。このとき、よく起こることがあります。たとえば、クライエントが帰ろうとする間際に、「あの……来週、私の父が自殺しようとした話をしたいんですが……」というようなことを語るのです。これは「**ドアノブ症候群**」と呼ばれるものです。予定時間ぎりぎりまで、重要な情報や恐ろしい情報や恥ずかしい情報が打ち明けられなかったために起こることです。一般的な対応としては、「じっくり話し合うべき話題のようです。来週、改めて扱いましょう」と伝え、面接時間の延長は許容しません。これは、毎週クライエントと話す時間には限りがあること、面接の時間内でいっしょに問題を探求するほうがよいことを理解してもらう方法です。しかし、一般原則に対する例外もあります。たとえば、クライエントが「来週、自殺しようと思います」と言う場合です。自殺の問題については第9章で詳しく扱いますが、クライエントが自傷他害を起こしそうであれば、安全が確保されるまで面接室から帰さないようにすることを覚えておきましょう。

次章では、クライエントとの面接に注意を集中させること、見る・聞く・感じる、という三つを丁寧に扱っていきます。

第2章 見ること・聞くこと・感じること
精神状態検査（MSE）

初回面接を終えたら、何よりも観察したことについて、余裕をもって考えをまとめる時間をもちましょう。そのためには、**「あなたが観察したこと」**という標語をいつも念頭に置くとよいでしょう。

この章では、クライエントが面接室にいるあいだに、支援者が感じ取ることの重要性を扱います。クライエントについて考えを整理するためには、観察可能なことを利用します。

この過程では観察可能なものを体系的に記録します。方法として**精神状態検査（MSE）**を用います。生物－心理－社会的アセスメントとは異なりますが、両者とも症例記録によく用いられます。生物－心理－社会的アセスメントは、主にクライエントの生活に関する事実と、クライエントが一連の面接中に提示した問題の記述に基づきます。精神状態検査（MSE）は基本的に、**面接者が観察したもの**に基づきます。それぞれ異なる臨床背景と異なる方法で使用され、その違いが内容よりも結果を定式化するときに重要になります。たとえば、精神状態検査（MSE）は、初回面接後に患者を入院させるために使われることもあれば、生物－心理－社会的アセスメントを含めた数回のセッションを終えるまで作成されないこともあります。どちらの場合でも、精神状態検査（ＭＳＥ）の内容と面接者の観察記録の記述はいつも重なります。精神状態検査（ＭＳＥ）は、アメリカの精神保健専門家のあいだで最も広く使われている評価方法です。

けれども、この章を読み進めていくと、「広く使われること」は「簡単に使えること」と同義ではないことに気づくでしょう。実際、精神状態検査（ＭＳＥ）の専門用語と概念に習熟しなければならず、最初のうちは、あまりに抽象的で圧倒されるでしょう。また、初回面接の前までに多少使えるようになっていたとしても、それで十分ではありません。これがアセスメントの通常作業のひとつになるまで、面接後に繰り返し立ち戻り、読み返しましょう。

「未熟な段階で、所属機関が急ぎ求めておらず、精神状態検査（ＭＳＥ）を実施する予定もないのに、今なぜ検査を学ばなければならないのか」という疑問が湧くかもしれません。最適な答えは、精神状態検査（ＭＳＥ）は**時間をかけてクライエントを評価するのにきわめて有用であるから**というものになるでしょう。つまり、初回面接において、観察記録として最初の精神状態検査（ＭＳＥ）で概念化し、定期的に新しい観察記録を加えて追跡することができます。クライエントの最初の語りのうち、どの部分がそのときのストレスと関係しているのか、そしてどの部分がクライエントの基本的な性格を反映しているかを理解するのに役立ちます。

さらに、精神状態検査（ＭＳＥ）を使うことで、**「何が変わったか」「いつから変わったか」「良い方に変わったのか悪い方かに変わったのか」**という重要な三つの質問の答えを継続して得る機会となります。こうして得られた情報は、所属機関とクライエントとの適合性の評価から、診断や将来の介入計画の策定にまで用いられ、あなたやスーパーヴァイザーにとって役立つでしょう。

所属機関によっては、特定の書式の精神状態検査（ＭＳＥ）を使用しているところがあります。初回面接で精神状態検査（ＭＳＥ）を、正規のクライエントの観察ツールとして用いる場合もあります。その場合には、クライエントに見解を伝える方法と、どのような質問が重要と考えられるかをスーパーヴァイザーと話し合っておきましょう。

章末の質問の例からもわかるように、面接で追加情報を求める必要がない限り、クライエントに具体的な質問をしないで精神状態検査（ＭＳＥ）を実施することはできます。ですが、つねに扱われる領域すべてを検討するようにしましょう。各領域には、身体の見た感じ、思考内容など、ある程度の枠が設けられています。

●精神状態検査（ＭＳＥ）において検討すべき重要項目

- 見た感じ――クライエントは、どのような容姿で、どのような態度か。
- 話し振り――クライエントは、どのように話すか。
- 情緒――クライエントの主な気分は何か。クライエントの主な情動反応は何か（気分＝クライエントがその時間どのように感じているか。情動反応＝クライエントが**あなたといるあいだ**、どのように感じているように**見えるか**）。
- 思考の過程と内容――過程＝クライエントがどのように考えるか。内容＝クライエントが何を考えるか。
- 知覚――幻想や幻覚の徴候はあるか。
- 精神的な能力――クライエントには、三つの見当識があるか。クライエントの知能の見積もりはどうか。クライエントは、記憶したり集中したりできるか。クライエントの判断と洞察はどうか。
- 面接者への態度――クライエントは、あなたに対してどのように振る舞うか。

精神状態検査（ＭＳＥ）をいつ実施し、どのような書式を使用するかにかかわらず、二つのことを覚えておきましょう。一つ目に、クライエントが語ったことが理解できない場合は、**さらなる説明**を求めましょう。クライエントを理解するためには相互の努力が必要です。そのため、あなたから明確にしたいと求めても、クライエントが驚いたり怒ったりすることはないでしょう。二つ目に、精神状態検査（MSE）では、注目すべき点を**書面に表す**ことです。最初のうちは多すぎるくらいに注目するポイントを見つけた方がよいでしょう。

次は、精神状態検査（MSE）をどの段階から始めるかについてです。いつどの段階から始めても、答えは変わりません。どのような会話が交わされたとしも、クライエントを初めて**見る人**が気づいたことを説明するところから始めます。あなたがクライエントを見た瞬間の感じはいかがでしたか。たとえば、健康そうか、病気があるように見えたか、目立つ外見上の変形があるか、服装は適切で清潔か、決まり悪そうにしているか、こわばった感じで歩いてきたか、居心地よさそうに座っていたか、緊張している様子か、顔にチック症状があるか、目を見て話していたか、などです。

精神状態検査（MSE）には、取り上げる項目がたくさんあります。そのため、所属機関によっては、基本的な部分だけの確認リストや「空欄を埋める」書式を使うか、数行にまとめるようにしています。形式を問わず、章末の質問表を使うこともできますが、クライエントにすべての質問の答えを求めるわけではありません。まずは、**良い臨床家は良い観察者である**ことを思い起こしましょう。初期の段階では、クライエントから語られる言葉は真実で、問題理解に見当違いは**ない**という前提をもとに、目に見えて最もわかりやすく繊細な手がかりを拾い上げながら、常にクライエントを観察します。そこから面談を続けて、最初に観察した側面の重要な解釈を修正するか、あるいは補完します。

同時に、第1章でも扱ったように、わからないという不快感から生じる非常に強い二つの誘惑に、つねに警戒しましょう。ひとつは、**実際に**見ていることから、すぐに意味を推測しようとする誘惑です。どのように意味を推測するのか、簡単な例を挙げてみます。たとえば、あるクライエントが六月に冬物のコートで現れたとします。それは不適切で奇妙な印象を与えることでしょう。そこに何らかの意味がないか検討する前に、第一印象として観察可能な事実から病気と分類してしまうことが起こります。

たとえば、貧しさゆえに冬物のコートを着ているのでしょうか。注意すべき医学的問題の兆候があるのでしょうか。隠したい古傷があるのでしょうか。三つの可能性を挙げましたが、もっとたくさんの見方があるはずです。大切なことは、観察から一つだけ推測するのではなく、**さらなる質問に結びつける**ことです。

もうひとつは、自分の先入観でものを「見る」という誘惑です。自分の気持ちや思い込みで物事を「見る」ことが落とし穴になります。たとえば、あるクライエントは、過去に依存薬物を手に入れるために友だちや家族からお金を盗んだことがありましたが、今は「薬物依存からの回復途中です」と話しています。その話を聞いたあなたは、クライエントが暴露話によって恥じ入り、処罰されると感じているのではないかと「見て」とりました。なぜなら、クライエントは依存行動について話すあいだ、アイコンタクトを取らず、落ち着きなく座り、話すのをためらっていたからです。これは一連の観察可能な手がかりに基づいています。そのためクライエントが「人殺しをした逃亡者のように」見えます。こうした観察可能なところから、クライエントが屈辱を受け、自分が処罰されるべきだと感じているという推測が可能になります。しかし、その状況で注意すべきことは、クライエントが屈辱を受けていて罰せられるに値する、という短絡的な結論です。そこには、自分がクライエントの立場に立ったときの、**あなたの感じ方**があるかもしれません。もしくは、臨床家の立派な理念から、クライエントが裏切った人々に恥を覚え、罰せられる**べきといった感情**が働きます。つまり、「見ている」ものは、実際にはクライエントではなく**見ている人に由来する**というわけです。

したがって、見ていることと見ていないことについて前もって注意したように、異常に見える視覚的な手がかりを記録します。クライエントが徴候の意味についてみずから語らなかったら、次回の面接までにスーパーヴァイザーと話し合いましょう。あるいは、より幅広く検討するために、精神状態検査（ＭＳＥ）の他の領域の情報と突き合わせて検討しましょう。

重要な視覚的な特徴を脳裏や書面に残す過程で、**クライエントの発言に注意を集中**させましょう。発言に注意することは、精神状態検査（ＭＳＥ）に含まれる主要領域のひとつです。クライエントが何を話すかではなく、どのように発言するかという点に注目します。早口か、ゆっくりか、まったく話さないか、言いたいことを表現したり聞き取りが理解が難しい言語障害があるか、相手が聞き取れるように話すか、耳を澄ませなければならないほど小声か、不適切なほど大きいか、年齢不相応の赤ちゃん言葉で話すか、止められないのではないかと感じるほど速くまくしたてるか。これらの発言に関する事柄のうち、異常と感じられるものに注目しましょう。

精神状態検査（ＭＳＥ）の広範囲な事柄すべてに、厳密に意識して集中しなくてもよいのです。精神状態検査（ＭＳＥ）の質問事項に沿っていれば、確実に手順を進められるからです。精神状態検査（ＭＳＥ）を実施していても、クライエントが帰ったあと、あちこち話の取りこぼしがあると気づくものです。正確な精神状態検査（ＭＳＥ）を完遂するために、すべての領域の観察が必要であることを覚えておきましょう。

次に、クライエントの**感情**に注目しましょう。感情は、二つのことを意味します。ひとつは**気分**、もうひとつは**情動反応**です。この区別は多くの臨床家にとってとりわけ厄介なものです。気分とは、クライエントが普段どのように感じているか、ということだと理解してください。クライエントは何か尋ねられると、「いつもびくびくしています」「怒って目覚め、怒って仕事に行き、怒って帰宅します」と語るかもしれません。こうした場合、クライエント自身の言葉とともに、気分について「クライエントの主な気分はパニック（または怒り）です」という説明文を記録しましょう。

しかし、クライエントは気分を説明するのが難しい場合があります。そのときは、観察可能な徴候とクライエント自身の説明を組み合わせて推論する必要があるでしょう。

●覚えておきましょう

・精神状態検査（ＭＳＥ）を書くときは、できるだけクライエント自身の言葉を用いて観察記録をしてください。

クライエントの気分を誤って判断する可能性を最小限に抑えるためには、**観察されたものとクライエント自身の発言の両方を記録する**のがベストです。たとえば、「クライエントの目立った気分は、抑うつです。クライエントは前屈みに座っています。髪はボサボサに見えます。クライエントは「以前はよく家に帰ってから自分でそれなりの食事を用意していました。今は、シリアルをひと皿でも出せたら上出来です」「一晩中眠れたのはいつだったか、最後の日を覚えていません」「職場の人たちは近頃私に、何を考えているんだ、と何度も言います」と話しています」と併記します。

さらに、気分について二つの注意があります。ひとつに、クライエントが、実際に自分の内面の状態を経験し、述べ、示したものは、それ以上でも以下でもないことに注意して記録しましょう。クライエントがそう感じている理由を推測せず、ただそのまま記録します。もうひとつ、人には不安や抑うつのほかにも多くの気分の状態があります。人は、怖れたり、圧倒されたり、気分が悪くなったり、落ち着かなかったり、緊張したり、ほかにも多くのことを感じます。クライエントが経験していることに最も適した説明を探しましょう。

次に、情動反応の質問を扱います。情動反応とは、クライエントの相手への**感情の示し方**のことです。情動反応は、クライエントが自分でその時々に感じている内的状態と、必ずしも一致しているとは限りません。クライエントが受ける影響を評価するために、さまざまな側面を調べているうちに明確になるはずです。そこで、第一の質問は、このクライエントの主な情動反応の状態は何か、というところから始めます。面接が終わるまで、クライエントはこの質問にまったく答えられないかもしれません。しかし、知りたいことは、**クライエントの根底にある気分にかかわらず**、面接時間の大半で、**どのように見えたり聞こえたりしていたか**、ということです。面接の大半で自信があるように聞こえたか、心配していたか。怒っていたか、悲しんでいたように聞こえたか。悲しんでいるならば、どのように情動反応として描写するのか。たとえば、「クライエントの主な情動反応は反抗的でした。クライエントは「パートナーの助けなんて必要ない」「パートナーが望むなら戻ってきてもいい」と繰り返し自分の信念を述べていました」とします。

次いで、クライエントの情動反応の**変わりやすさ**に注目しましょう。先に挙げたクライエントは、パートナーとの関係以外のことを話す場合でも反抗的に見えたり聞こえたりするでしょうか。だとすれば、クライエントの情動反応にはあまり変化がないと記録します。

また、クライエントの**情動反応の強さ**にも関心を向けます。極端なところがあるか、面接時間の大半、ずっと情動が抑えられずに叫んだり泣いたりするか、活気がないか、感情がないみたいに話すか。重症度にもよりますが、こうした現象は、感情鈍麻や感情の平坦化として注目されます。

さらに、クライエントの情動反応がどれくらい不安定であるか、ということに注目しましょう。クライエントの感情表現は、笑っていたと思ったら泣き叫び、激しい怒りを示したと思ったら急に穏やかで楽しげな感じに変化しますか。クライエントが感情という名のジェットコースターに乗っているように感じる経験はありますか。だとすれば、このクライエントの情動反応はとても不安定だと説明できます。その不安定さが示された面接で観察したことを記載しましょう。

最後に、クライエントの**情動反応の妥当性**を観察しましょう。情動反応が明らかに適切ではない例として、先週、暴行されたことを語っているときにくすくす笑ったり、夢のなかの異性について話しながら泣いたりする、といった場合があります。どちらの場合でも、情動反応は話の内容に対して適切ではないと思われると記録して、できるだけ実例を併記しましょう。

これらの変わりやすさ、安定性、妥当性を見究める際に、クライエントの情動反応を示すものの違いがあまりにも微妙だと感じることでしょう。実際、実践してみると、そのことばかりが気にかかります。しかし、精神状態検査（ＭＳＥ）の他の領域と同様に、すべての情動反応の各側面について書く必要はありません。特に目立ったり、並外れて見えることを書き留めましょう。

気分と情動反応の次は、クライエントの**思考**に注意を向けます。はじめに**思考の過程**に焦点を当て、次に**思考の内容**を扱います。思考の過程と内容の相違は、過程とは**どのようにして考えるか**であり、内容とは**何を考えるか**であると覚えておきます。ソングライターであれば、過程とは音楽であり、内容とは歌詞である、という表現が適切でしょう。

クライエントの思考過程で、顕著な傾向を認識するにはどうしたらよいでしょうか。まず、クライエントが自分で説明することがあります。クライエントが自分の思考過程を「忙しすぎる」「考えが散らかっているようだ」「実は、いつもよりゆっくりとしているかもしれない……」とほのめかし、「ほとんど考えることができないようだ」と話すかもしれません。クライエントから自分の思考過程の説明をしたら、これを書き留めましょう。

しかし、クライエントが何も説明しなくても、クライエントの話し方から思考方法について何らかの感覚をつかむことができるでしょう。クライエントが話しているときのあなた自身の反応が、何かいつもと違うという感覚を知らせてくれます。たとえば、質問を受けたクライエントが答えはじめてからしばらくして、ようやく「この人が質問の要点にたどりついた」と感覚を得たなら、クライエントの思考過程が回りくどくなっている証となります。この特徴は、目標への志向性が欠如する**思考過程の混乱**だといえます。しかし、精神状態検査（ＭＳＥ）に記録をする前に、自己吟味して、もっと素早く質問の要点をつかんでほしいといった性急な思いが自分にないか確かめます。そのうえで、この反応が普通でないならば、おそらくは客観的にも普通ではないといえるでしょう。

また、何を尋ねられても、クライエントが同じ言葉を繰り返すかもしれません。たとえば、話しているあいだや返事をするとき、どんな内容であってもクライエントが「はい、はい」「そうです、そうです」とだけ繰り返しつづけます。これは、**固執性**と呼ばれる繰り返される言い回しか、どうにかして同じ話題に戻ろうと話を逸らすためです。どちらの場合にしても、クライエントが話題に合わせて選択して答えているというよりも、むしろ堂々巡りしなければならないという感じを抱かせます。

次の思考過程の領域では、**関連性**に注目しましょう。クライエントが、どのように思考を関連づけるかという問題にはさまざまな側面があります。基本的な問題は、どのようにある考えから次の考えに移るか、ということです。奇妙かもしれませんが、クライエントが話しているときに、「あれ、何だっけ？」「え、何か忘れた」「わからなくなった」と戸惑うか、あるいはクライエントの思考の進展についていけないと気づいて、考えさせられます。こうしたとき、クライエントが思考の関連性に問題を抱えていることがわかります。はじめのうちは、自分が上の空だったか、ほかのことに気が散って、何かを見逃したのではないかと思います。

しかし、クライエントとのあいだで同じ経験が繰り返されたら、思考の関連性が関係した現象がないか考えましょう。よく遭遇する現象は、**脱線思考**、**連合弛緩**、**観念奔逸**というものです。

クライエントの思考が**脱線する**場合、話題が少しだけ関連していそうだけれど、そうではない話を聞く感覚を抱くことでしょう。たとえば、クライエントの仕事について尋ねたのに、昨今の厳しい経済状況で仕事を探す人々の話をしたり、仕事に関する話はしても自分の仕事の話に結びついていかない、といったものです。仕事の話題にだけ見られる現象ならば、仕事関係でクライエントに何か問題がないか敏感になりましょう。**脱線思考**ならば、ほかの話題の場合でも同じ現象が繰り返されるでしょう。

話題から話題への繋がりもなく、ただ話題を移ろう**連合弛緩**もそうです。聞く人は、話題と話題の「空白を埋めよう」と苦心することでしょう。たとえば、「バラは赤い。スミレは青い。天津飯が好き。あなたはタバコを吸いますか」という文章を考えてください。特に最後の無関係な二つの言葉を聞いたら、「クライエントは中華料理屋にいて、誰か近くの人がタバコを吸っていた……?」などと困惑するでしょう。これは連合弛緩という思考過程の障害を経験しているわけです。

次に、早口を伴う**観念奔逸**があります。観念奔逸のクライエントと話すと、文字通り観念が走って逸しているように感じられます。観念奔逸に至らなくても、アイデアが次から次へほとばしり、止めどなくまくしたてることは誰にも経験があるでしょう。しかし、観念奔逸は自分で止められない、という違いがあります。

思考過程には、別の障害もあります。人々の思考の関連性に注意を向ければ、重大な困難に気づきます。これまで説明した思考の関連性に当てはまらない場合もあります。そのときは、精神状態検査（MSE）に「クライエントは思考過程で混乱を経験している」と簡単に記述し、後日スーパーヴァイザーと検討しましょう。

思考過程の次は、クライエントの**思考内容**に注意を向けます。そのためには、一連の質問の答えから問題を見出します。自分のまわりで何が起こっていると考えているか。そのなかで自分は、そしてほかの人々はどのような役割を担っているか――これらの質問に対して、思考の深刻な歪みを示している場合には、クライエントは**妄想**の影響を受けている可能性が高いといえます。妄想とは、現実にありそうもないことをクライエントが絶対に本当だと信じて疑わない思考のことです。しかしながら私たちはここで、ラグビーワールドカップ二〇一九年・日本大会で日本が何位だったかとか、COVID-19（新型コロナウイルス）でどの都市が閉鎖されたか、ということについて話しているわけではありません。

いくつかの代表的な妄想の例を紹介します。

たとえば、クライエントが自分には特別な力が授けられており、魔法のような神秘的な力をもっていると話しています。あるいは、自分が神の生まれ変わりであるとか、将軍であるとか、有名企業の社長であるとか、宇宙人と交信できるとほのめかすかもしれません。いずれにせよ、いくつか一般的なことを尋ねてみましょう。クライエントの信念の深さを測るために直接質問をしてみて、クライエントの確信が揺るぎなければ、**誇大妄想**に悩む人といえるでしょう。

誰かが、または何らかの組織が「私をやっつけようと躍起になっている」「傷つけようとしている」、あるいは、犯罪組織に見張られている、バス停で居合わせた女性に狙われている、とクライエントが話すかもしれません。それが事実かどうか確かめられない場合は、クライエントに事実の根拠を尋ねます。クライエントの答えが明快で合理的かどうかによって、**被害妄想**を経験しているのか手がかりが得られるでしょう。

クライエントの考えが悟られたり、クライエントが考えていることを他人が聞き取れるという理解しがたい信念、**考想伝播**があります。それと似たものに、世界の些細で無縁な出来事がクライエントと関係していると信じる、**関係念慮**もあります。たとえば、クライエントが新聞広告を見せて、これは秘密組織から自分への暗号であると言ったり、ローマ教皇のニュースに自分が関係していないか気にするといったものです。クライエントの内部に何かが潜んで操られている感覚や、自分が他の誰かから言動をコントロールされているとか、反対に他人をコントロールできると信じる、**させられ妄想**があります。クライエントは、自分がコントローラーだと信じています。留守番電話が操ってきて電話を迫ったり、職場のコンピュータが命令を出していると語るかもしれません。させられ妄想と誇大妄想を区別するのは困難かもしれませんが、後者にはコントロールという考えがあります。

身体の極度の健康不安と鑑別することが難しい、**身体的妄想**があります。身体的妄想なのか、不治の病なのか、異常な恐怖体験があったのか、辛抱強く質問をします。手もとに診療記録があれば判断に役立つでしょう。思考の混乱の徴候は、妄想だけではありません。自分の考えを打ち消せなくて苦しんでいることもあります。クライエントは、そんなはずがないとわかるか、気持ちが簡単に切り替わればよいのに、と話します。しかし、どうしても思考を止めることができずにいます。この思考体験が**強迫観念**です。強迫観念と強迫行動は同じだと思われるかもしれませんが、実際には異なります。**強迫観念はつねに思考**であり、**強迫行動はつねに行為**であると考えると、簡単に区別できます。

強迫観念の例としては、自分の母親が溺れてしまうのではないかという考えが頭から離れない、といったものです。強迫行動の場合は、執拗な考えがあり、したいとも思わず、また不要だとわかっているのに止められず、反復行動を繰り返します。たとえば、シャワーの水を出したり止めたりする前に、シャワールームのすべてのタイルを三回数えなければならず、一時間を要します。クライエントにとって、この秘密は恥ずかしくて耐えがたいものです。自分でもおかしいとわかっているのに、せずにいられないのです。

ほとんどの強迫的儀式は、おおよそ三つのタイプに分類できます。ひとつは、反復的な洗浄や洗濯といったタイプで、代表例は手洗いです。もうひとつは、ガスや電気の消し忘れがないか何度も確認するタイプです。最後は、浴室のタイルの例で示したような数に関係するタイプです。専門的には、強迫的儀式に思考の混乱はありません。たいてい、儀式の対となる強迫観念の存在が問われます。

激しい恐怖を駆り立てる強迫観念の経験は、**恐怖症**として知られています。恐怖症は、エレベーターや、橋を渡るといった特定の状況で起こります。自宅から離れられない広場恐怖、高いところに対する高所恐怖、なじみのない人への対人恐怖、言い知れない漠然とした恐怖があります。

最後に、自傷他害に関係した思考の混乱があります。臨床上は、**自殺念慮**や**殺人念慮**と呼ばれます。臨床家にとって、この領域のアセスメントは非常に重要な懸念材料となりうるため、改めて第8章と第9章で扱います。

クライエントの思考過程と内容に関連する観察事項の次は、**感覚的知覚の異常**に注意を向けましょう。これは、**幻想**または**幻覚**という二つのカテゴリに分類されます。幻想とは、正常な知覚を誤解することです。たとえば、職場でカーテンが風に吹かれて動いたときに、クライエントが、窓から妖精が入ってきたのだろうか、と語ります。クライエントがこの感覚を明らかに確信しているようであれば、幻想とみなします。

クライエントが外的刺激と無関係に、明らかに真実ではない五感のひとつを経験していれば、幻覚とみなします。たとえば、死んだ姉妹が「おいで」と言う声が聞こえる（幻聴）、悪魔の手招きが見える（幻視）、死肉の匂いがする（幻臭）、と話すかもしれません。幻覚は、聴覚と視覚にまつわるものが最も一般的です。嗅覚、触覚（何かものや人に触られているという信念を含む）、味覚（何かの味がする）の幻覚はきわめて稀です。

精神状態検査（ＭＳＥ）で最後に注意すべきものに、基本的な**精神的能力の評価**があります。ひとつは、**適応の評価**です。精神状態検査（ＭＳＥ）の解説を読むと、「クライエントには三つの見当識がある」という表現があったはずです。三つの見当識は、時間、場所、人に関わります。クライエントの日本語に支障がなければ、何年、何月、何曜日で、自分が今どこにいて、自分の名前が言えるか、確かめます。予備情報からわかっていても、見当識を確かめる必要があれば、クライエントに質問して確認しましょう。

次は、クライエントの**知能レベルの評価**です。クライエントには平均かそれ以上の知能があるか、平均以下か、簡単な評価をしましょう。

さらにクライエントの**集中力の評価**です。クライエントは議論している題材にある程度注意できますか、簡単に注意を逸らしますか。この集中力に目立った疑念があれば、クライエントに二〇からの逆唱や、一〇〇から三ずつ引き算をするように求めましょう。引き算ができるならば、クライエントの集中力の情報がわかります。集中力の障害は、混乱を示したり、注意していたことを失念したりして、すぐはっきりします。集中力は、**記憶**の機能に結びついています。人間は、昨日起こったこと（近時記憶＝最近の記憶）は覚えているものです。ここでは、一〇歳だったときに住んでいた街の名前や、当時の大統領の名前のような重要でない事実を覚えているか（遠隔記憶＝遠隔の記憶）、一〇分前に話していた重要人物の名前を覚えていられるか（短期記憶＝即時の記憶）、すべてに注意を向けましょう。

次いで、クライエントの**判断力と洞察力の評価**です。クライエントの判断力は、面接のどの時点でも評価できます。たとえばクライエントから、よく酒場で殴り合いをする、車を盗む、子どもを叩く、と語られるかもしれません。その場合は、精神状態検査（ＭＳＥ）で、危険、衝動的、暴力的、浅慮、不適当な判断と表記して具体例を記載します。面接で話題にならなくても、クライエントの判断力に潜在的な障害を感じる場合には、「誰かが傷つけられているのを見たらどうしますか」「人でいっぱいの映画館で煙の匂いがしたらどうしますか」と質問をして評価しましょう。

洞察力とは、クライエントが自分の問題を理解できるか、ということです。クライエントがどのように自分の問題を理解し、どのように説明するか、確かめましょう。たとえば、「私は悪くないのに、みんなが自分のことを責める」と、自分の外の問題として説明するか。助けてほしいと望んでいるか。なぜ今、助けを求めるのか。自分の問題が何か合理的で的確にわかるか。自分の感情の状態を説明できるか――これらの質問への答えが洞察力の評価につながるはずです。

初回面接でのクライエントの能力評価には限界があるとしても、クライエントが治療対象ではない、ということではないと覚えておきましょう。面接の場でクライエントは、自分の感情を表してもかまわないと理解していないこともあります。その場合、十分な評価が得られません。

最後に、クライエントの精神的能力の記述を完成させたら、クライエントの**態度の評価**に注目します。クライエントは、疑り深そうか、非協力的に見えるか、何かを恐れているか、傲慢に見えるか、控えめか、過度に楽しませようとするか。さらに最も重要なことがあります。クライエントは、自分の問題を明らかにする共通の課題に取り組むために、治療同盟を結ぶ意欲や能力をもっているかを観察しましょう。一連の作業が完了すれば、初回の精神状態検査（ＭＳＥ）が完成です。

しかし、二つの懸念が生じるでしょう。ひとつは、書類作成に数カ月かかるのではないかという心配です。もうひとつは、クライエントの想定される行動や考えには正気と思えないものもあり、実際に顔を合わせるのが怖くなる、ということです。

後者の心配から取りかかりましょう。そのようなあなたの気持ちは、精神状態検査（ＭＳＥ）を行ううえで最も重要なのですから。あなたが見たり聞いたりしていることから、危険にさらされていると感じたり、クライエントが非現実的であったり、自傷他害する可能性があれば、面接者とクライエントの安全を確保する簡潔な手順があります（第8章と第9章で説明します）。

合理的で的確で迅速な精神状態検査（ＭＳＥ）の実施には、時間と練習が必要です。はじめは苦労も多く、しばらくは用語や違いを覚えられませんが、いずれ習熟できるでしょう。

精神状態検査（ＭＳＥ）の概要

以下は、クライエントに焦点を当てた一般的な観察範囲と、面接後に精神状態検査（ＭＳＥ）を手がけるための項目です。観察が適切であれば、補完するためにクライエント自身の言葉を用いましょう。

精神状態検査（ＭＳＥ）は、子どもを評価するうえでも有用なツールです。そのためには子どもの発達段階に適応させる必要があります。子どもに検査を行う方法について、スーパーヴァイザーと話し合っておきましょう。

容　姿

1. クライエントは、健康そうに見えますか。
2. クライエントは、年相応に見えますか。もしそうでなければ、歳をとって見えますか。若く見えますか。
3. クライエントには、明らかな身体的変形がありますか。もしあれば説明してください。
4. クライエントの服装は適切ですか。
5. クライエントの衣類は清潔ですか。
6. クライエントは、変わった歩き方をしますか。
7. クライエントは、快適に座っていますか。
8. クライエントには、目に見える傷がありますか。
9. クライエントの身長や体重は、適切に見えますか。
10. クライエントには、目に見えるチックなど、体、顔、目の異常な動きがありますか。
11. クライエントは、目を合わせますか。もしそうであれば、いつもですか、時々ですか。
12. クライエントの表情はどうですか。面接の過程で変化しますか。

話し方

1. クライエントは、話をしますか。
2. クライエントは、異常に早く（もしくは遅く）話しますか。
3. クライエントには、言語障害がありますか。
4. クライエントは、異常に大きな声（もしくは小さな声）で話しますか。

感　情

1. クライエントは主にどのような気分ですか。観察のもとになる発言と態度を説明してください。
2. クライエントの主な情動反応は何ですか。観察のもとになる発言と態度を説明してください。

3. クライエントの情動反応は、面接の過程で変化しますか。
4. クライエントの情動反応は、いつでも極端だと思いますか。説明してください。
5. クライエントは、不安定な情動反応を示しますか。
6. クライエントの情動反応は、面接内容に対して適切ですか。

思考の過程と内容

1. クライエントの思考の過程は、細かいですか。
2. それは持続的ですか。
3. クライエントの思考は、脱線しがちですか。
4. クライエントは、連合弛緩や観念奔逸を示しますか。
5. クライエントは、身体的妄想、誇大妄想、被害妄想、させられ妄想を示しますか。観察のもとになる発言と態度を説明してください。
6. クライエントは、考想伝播や関係念慮を示しますか。観察のもとになる発言と態度を説明してください。
7. クライエントは、強迫観念に悩んだり、強迫行動を経験していますか。説明してください。
8. クライエントは、恐怖症ですか。だとすれば、どのような恐怖症ですか。
9. クライエントに殺人や自殺念慮の徴候はありますか。観察のもとになる発言と態度を説明してください。
10. クライエントが心を奪われている特定のテーマはありますか。あれば説明してください。

知　覚

1. クライエントは、聴覚に何らかの問題があるように見えますか。
2. クライエントは、視覚に何らかの問題があるように見えますか。
3. クライエントは、幻想や幻覚に悩んでいますか。だとすれば、後者は聴覚的、視覚的、嗅覚的、触覚的または味覚的なものですか。観察のもとになる発言と態度を説明してください。

精神的能力

1. クライエントには、時間、場所、人の見当識がありますか。
2. クライエントには、平均的知能があるように見えますか。それとも平均以上でしょうか。
3. クライエントの集中力は、正常な範囲でしょうか。
4. クライエントは、最近の記憶、遠隔の記憶、即時の記憶を示していますか。そうでなければ、観察のもとになる発言と態度を説明してください。

5. クライエントの判断には混乱がありますか。観察のもとになる発言と態度を説明してください。
6. クライエントは、自分自身の価値を適切に感じていますか。観察のもとになる発言と態度を説明してください。
7. クライエントは、自分の行動の結果を理解しているように見えますか。
8. クライエントは、洞察力を示しますか。

面接者に対する態度

1. あなたに対するクライエントの態度はどうですか。
2. 面接の過程で変化しますか。
3. クライエントは、共感的に応答しますか。
4. クライエントには、共感の能力があるように見えますか。

精神状態検査（ＭＳＥ）のサンプル

以下は、South West Mental Health Clinicにおける G・エンジェルとの初回面接に沿って書かれた精神状態検査（ＭＳＥ）の例です。Ｇさんは最近仕事で解雇され、この先、家族の面倒を見ることに心配があり来談しました。

G・エンジェルさんはやせ形の、きちんとした服装をしたヒスパニック系の男性で、実年齢の三九歳より若く見えます。面接のあいだ、堅苦しく座り、たまに目を合わせるだけでした。右手でずっと椅子を叩いていました。Ｇさんは早口で、大きな声で話します。主な気分は不安でした。彼は「眠れないんです。一晩中、考えに考えを重ねています。何も見つからない場合、どうすればいいでしょう？」と述べました。主な情動反応は恐怖でしたが、面接の話題によって異なり、とりわけ不安定であったり不適切ではありませんでした。自分の思考を「近頃はつねに空回りしている」と説明しましたが、思考障害の根拠は見られませんでした。Ｇさんの思考は、妻と子どもを失うかもしれないという恐怖に通じています。ただ、自殺や殺人の考えを否定し、幻想や幻覚の証拠を示していません。彼には三つの見当識があり、知能は平均または平均以上です。「私はいつでも忘れてしまいます。おかしくなりそうな感じです。以前は決して忘れなかったのに」と述べました。彼の判断は、家族が自分の許を離れてしまうかもしれないという恐怖に関して、どこか不具合があるようです。「先週、子どもたちを学校へ行かせることができませんでした。もし学校に行ったら二度と会えないだろうと思いました」。Ｇさんには洞察力があり、「父は仕事を失い、母は私たちを連れて父の許を去りました。このことに関係していると思います」と述べました。Ｇさんは面接者への警戒と自己嫌悪感を交互にあらわにして、何度かこう述べています。「この問題についてはあまり話したくありません。あなたは私みたいな人間には、きっと何もできませんよ」。

第3章 クライエントの健康についてどのように考えるか

病歴

精神状態検査（MSE）を完成させると、何に耳を傾けるべきか、いっそう優れた感覚で聞き取れるようになります。見聞きしたことを正確に相手に伝える言葉が磨かれ、観察の技術が高まり、とりわけクライエントの**すべての感情表現**に焦点をあてるようになります。しかし、それだけでは十分ではありません。何か忘れていることはないでしょうか。クライエントの病歴以外に、何が関係しているか考え、身体的健康について尋ねましょう。クライエントが**自分の気持ちを理解できるようになる**ために時間と労力を費やし、熟練した臨床家になることを目指します。もしかしたら、最も重要な原因のひとつがそこにあるかもしれません。この章では、身体的健康を扱います。目的は、クライエントが**精神（こころ）と身体（からだ）の深い相互関係を正しく理解できるようになる**ことです。責任を負う臨床家がクライエントの身体的健康の不安について考え、尋ね、検証する基本的な前提を述べていきます。

アセスメントの他のすべてと同様に、クライエントの健康について、いつ何を尋ねるかは、あなたの働く環境や、クライエントが治療のために来談した状況によって異なります。病院で働いているなら、医師に相談する機会もあり、面接前にクライエントは十分な医療的処置を受けられます。地域の精神科クリニックのような診療所の外来なら、新規のクライエントごとに医師の紹介状があり、初診受付時に患者が記入する簡単な問診表があります。

クライエントが問診表を記入していたら、注意深く読みましょう。答えていない質問がないか注意します。外国語のような慣れない用語が関係しているのか、クライエントが特定の質問に答えないようにしたのか、きっと疑問が生じるはずです。たとえば、クライエントは自分の薬物依存を心配していて、警戒して薬物やアルコールの消費に関する部分に答えなかったのかもしれません。また、家族が若くして亡くなったことは書けても、死因は伏せたかったのかもしれません。死因が自殺であれば、その情報を伝えるのは恐ろしくて恥ずかしいと思っていることが推察できます。記入がない理由が、「医師」に対する文化的な振る舞い、ないし個人的感情に関係しているのかもしれません。実際、専門的訓練度にかかわらず、クライエントから「医師」とみなされ、「先生」と呼ばれることもあります。

クライエントが書類に記入していない場合、情報取得についての所属機関の指針や手続きがあるか、スーパーヴァイザーと話し合っておきます。指針がある場合は、どの段階で情報を取得することになっているのか確かめます。情報を医療チームに伝えるために、初回面接で健康問題について最低限のおおまかな質問が不可欠という考え方もあります。別の考え方では、健康問題の質問でクライエントとのあいだに溝ができるかもしれないので、時間の経過とともに情報が出てくるのを待つことを勧めます。どちらの場合でも、面接でわかったことはすべて詳細に記録し、治療チームと共有しましょう。

前に述べたように、面接の**早い段階から**クライエントの行動および相互作用について、精神力動や認知の観点など文脈的な意味をもたせようとする誘惑があります。しかし、結果的にクライエントの行動や相互作用についての洞察が深まったとしても、それは危険な手順です。洞察が深まることに心をとらわれる理由は明らかです。クライエントの行動の意味が理解できると、仕事が面白く楽しいものになるからです。しかし、それがなぜ危険なのかは、あまり理解されていません。つまり、クライエントはどこで働いているのか、どのように愛を育むのか、どのような食べ物が好きか、どのように身内と付き合っているのか、夜はどのように眠るのか、うっかり職場に忘れた傘のことを思い出せるか――クライエントの感情の葛藤や振る舞いを再考するのと同じくらい、これらのことが身体疾患の症状と関連していることを見落とすかもしれません。

心と切り離された身体器官（呼吸器系、心血管系、内分泌系、その他の器官）は、ほとんどありえません。何千年もの民間療法や何百年の現代科学の歴史は、その事実を証明しています。よく知られているように、「行動障害」「気分変動」「心配性」「抑うつ」の症状に生体内の疾患の徴候が潜んでいることも稀ではありません。たとえば、『不思議の国のアリス』の「帽子屋」（「帽子屋のように気が狂っている（as mad as a hatter）」という、当時よく知られていた英語の言い回しをもとに創作された登場人物）のことを考えてみてください。私たちは、帽子屋をルイス・キャロルの豊かな想像力から創作された馬鹿げた変わり者だと考えます。ところが、一九世紀の帽子職人は、帽子の素材になるフェルトの製造に水銀を用いており、水銀煙を毎日吸ったために、顕著な異常行動を伴う脳の障害を起こしていたのです。ルイス・キャロルの時代には、そのような人々を「狂っている」と表現しました。現代の私たちならば「作業環境から生じた毒素による神経学的後遺症」とみなすでしょう。

精神疾患からくる言動は、**症状に起因する**のであって、クライエントの**苦しみによるものではない**、という点は重要です。

糖尿病のクライエントとパートナーとの愛情生活や愛情欲求の欠如には、もはや愛されていないという信念（妄想）よりも、糖尿病の治療薬が影響しているかもしれません。好物にさえ食欲が湧かないのは、クライエントの言うように、現実の出来事に対する抑うつ反応を示しているのかもしれません。その場合でも、潜在的な健康問題と結びついている可能性があります。たとえば、ＨＩＶのウイルスへの罹患を考えてみましょう。クライエントに絶望感を与える**だけでなく**、身体が食物を正常に代謝できない状態**も**引き起こしているかもしれません。また、「理由もなく身内を殴った」という報告は、クライエントの衝動コントロールの不良や、長年の家族間の争いのパターンかもしれませんが、脳腫瘍によって引き起こされたのかもしれません。

考え方がわかれば、クライエントが傘をオフィスに忘れる出来事にも、睡眠習慣や記憶機能の変化といった重要な意味がないか、考えをめぐらすことができるでしょう。また、クライエントの感情について話して行動が変われば、すべての問題は完治できると思い描くことが、いかに危険な過信であるかわかるでしょう。

さらに、身体的健康と病歴について考える基本的な質問に進みましょう。

クライエントは、自分の**健康についての不安**を口にしますか。クライエントの示す**問題との関連**をどう受け止めていますか。たとえば、クライエントは最近、自分が高血圧だと知って以来、いつか死んでしまうという恐ろしい思いに駆られて相談に来たと語っているとします。そして、恐ろしい感情を**引き起こす**ストレス要因として、健康問題を受け止めています。別のクライエントは、上司と馬が合わない会社員で、最近では上司に会うと何時間もめまいや吐き気を覚えると話します。この場合、不安な**気持ち**が健康問題を引き起こしていると受け止めています。

どちらのクライエントも健康についてさらに検討する機会を提供しています。なぜなら、自分の身体症状と感情状態が関連する可能性を示しているからです。クライエントは、身体症状の意味を確認させる「機会」も、否定する「機会」も提供しています。しかし、特に身体症状については私たちの仕事ではありません。私たちの仕事は、事実関係の情報を得ることです。主治医から相談を求められることもありますが、病状を診て身体疾患を診断するのは主治医の仕事です。

健康問題を見つけることが私たちの仕事でないなら、わざわざこの情報を得る理由はあるのでしょうか。その理由として、クライエントの健康面の経歴は、臨床を行うのに適しているかどうかの**判断材料となる**ことが挙げられます。たとえば、クライエントの健康状態が深刻か、継続的にモニタリング可能な医療センター付属のクリニックで診た方がよいかは、答えることのできない、また答えてはならない判断です。スーパーヴァイザーと共有できる**データ**を集めましょう。そのうえで、医学に精通した精神科医のようなスタッフと話し合う必要があるか決めましょう。精神科医は精神科の訓練を受けている以前に、医師であることを忘れないでください。

治療の適応をアセスメントする際に、**健康要因を評価する**という基本的な考え方も重要です。なぜなら、それは治療過程そのものでもあるからです。治療の最終目標がストレスの軽減だとしても、治療過程でストレスが生じ、それもかなり激しくなるかもしれません。**情報収集**は、クライエントが所属機関で勧められた治療を始める際に、その時点で心身が十分に耐えられそうかアセスメントするのに役立ちます。

現在のクライエントの健康状態を確かめるために必要な基本情報について考えましょう。クライエントが自身の健康問題や症状の話題を切り出したら、三つの基本的な質問をしましょう。ひとつは、「**どのくらいの期間**、その問題や症状がありますか」、最後に、「**どのくらいの頻度で**、この問題や症状がありますか」、次は、「その問題や症状が起こるとき、**どれくらい日常生活の支障**がありますか」というものです。

しかし、クライエントが身体的問題を話さないとしたらどうでしょうか。クライエントは健康についてほとんど言及しないかもしれません。身体と心が密接に関係するという考え方にクライエントがなじんでいないこともあるでしょう。どこかの段階で、その説明をして、理解を深めましょう。あるいは、これこそが、臨床面接で心だけではなく身体もアセスメントする必要があるという基本的な前提の、実例といえるでしょう。クライエントが話していないことは、その人物を理解するうえで、すでにわかっていることと同等か、**それ以上に重要**かもしれません。

> **●クライエントに身体症状がある場合**
> - どのくらいの期間その症状を抱えていますか。
> - どのくらいの頻度でそれが起こりますか。
> - どの程度、日常生活の支障がありますか。
> - クライエントは医師に診てもらっていますか。

社会でどう扱われているかはともかく、これまで薬物依存症や家族の自殺など、話し合うことが難しい話題を扱いました。健康問題には**個人的な意味**があります。クライエントは、これまで治療者や援助者のような、メンタルヘルスの専門家を含むさまざまな医療専門職と出会ってきているのかもしれません。クライエントには、私たちが押しつけがましく薄情だと信じるに足る、相応の理由があるのかもしれません。曾祖母が亡くなったのと同じ病気で自分にも頭痛が起きているとか、自分が不治の病で誰も助けにならないとか、見知らぬ人に痛みを話したら神様に罰せられると信じているのかもしれません。クライエントが面接室のドアから入ってくるときに、こうした気持ちを察することはできません。クライエントが健康について話さなくても、話題にします。また、話題にすることが不快感や恐怖を喚起する可能性があることにも注意を払いましょう。

健康の話題から、クライエントの問題や症状がどれくらい長く続いているか確かめたら、症状を医師に診てもらったことがあるか確かめます。この質問と答えには、別の問いが暗に含まれます。たとえば、どうして症状があるとわかるのか、という質問をしたところ、医師が症状を診断したから、友人が「昔、似た症状があったから私と同じ病気だ」と言ったから、自己診断をしたから、と答えたとします。このようなクライエントの答えには、「医師」への気持ちだけでなく、自分の症状をどう考えているのか、自分に気を配れるのか、誰かに面倒をみてもらうことをどう感じているか、といった多くの示唆があります。それだけでなく、その時点でクライエントが治療を始めるのは適当ではないという示唆が得られることもあります。

クライエントに医師の診察を受けているかどうか尋ねると、医者は大嫌いである、家族が医者にかからせない、医者が怖い、診察に払うお金にないなど、あらゆる答えが返ってきます。これは、医療専門家への陰性感情だけでなく、入院や痛みを伴う治療があるかもしれないと心配しているからです。ここには、クライエントが今ここで話すことをどう感じているか、セラピーをどう想像しているかといった、コミュニケーションが間接的に含まれていることもあります。たとえば、実は不安でいること、料金が高いと感じていること、押しつけがましいと思っていること、あえて言われなくてもわかっている家族の助言への反発などです。

健康診断や治療に対する気持ちを説得するのが私たちの仕事ではありませんが、これも場合によります。たとえば、依頼主が必要を求めてきたら、健康診断はインテーク面接の一環だと説明しましょう。その後、クライエントがいつどのように受診するかを話し合います。この場合、どれくらい受診予定を守れそうか、スーパーヴァイザーと話し合います。

次に、クライエントの健康が確かめられたら、どのような薬を服用しているかを確かめます。主治医に処方された薬もあれば、咳止め薬やむくみ止めの錠剤など市販薬の場合もあります。いずれにしても、どのくらいの頻度で、どれくらいの量か、医師が推奨する服薬量か、どのくらいの期間摂取するのか、副作用を認識しているかを確かめましょう。薬の名称を知らなければ教えてもらいます。クライエントもわからなければ、現物を見て薬剤名を書き留めることもできます。薬の効用は何か、薬がクライエントに役立っているかも確かめます。

薬がもたらす効用は複雑です。よくある疾病（たとえば、アレルギー、喘息、高血圧など）に処方される薬のなかには、気分の変化に影響を与える副作用をもつものもあるので注意しましょう。

●クライエントが薬を摂取していたら……

- 処方されたものですか。
- もしそうならば、誰からの処方ですか。
- なぜそれは処方されたのですか。
- それはどのような名前ですか。
- どのくらいの量を摂取していますか。
- どのくらいの頻度で摂取していますか。
- クライエントの役に立っていますか。

しかし、症状と社会に出回る薬の副作用に、すべて精通している必要はありません。クライエントの服薬情報があれば、薬が気分や行動の変化の潜在的な影響を与えていないか、主治医やスタッフの精神科医と検討することができます。服薬している人には独特の反応があるため、特定の薬の副作用が知られていなくても、薬がクライエントに影響を与える可能性は外せません。そのため、治療チームとクライエントの現在の投薬について検討するときには、年齢、体型、現在の生活状況といった基本的な事柄について考えることが重要となるでしょう。同じ投薬量でも九〇代と四〇代では効果が異なります。成人と同じ量だけ子どもに投薬されていたら、はるかに重篤な状態にあることがわかるでしょう。一日三回、錠剤を服薬する独り暮らしのクライエントがうつになり、意図せず一日五回服薬したり、次の日はまったく服薬しないこともあるかもしれません。

服薬について確かめるのは、**服薬のために医学的・心理的な症状が抑えられている場合がある**からです。たとえば、鼻づまりの市販薬を摂取しているクライエントが、服薬を止めるたびにふたたび鼻づまりになることが六カ月続いているとしたらどうでしょう。その症状からより根本的な病態が引き起こされていないか、検査が指示されるかもしれません。深刻ではないかもしれませんが、クライエントの安心のためにも必要でしょう。あるいは、もっと深刻な場合もあります。たとえば、クライエントが何年ものあいだ、かかりつけ医に内緒で睡眠を助ける市販薬を服用していたらどうでしょう。服薬が、眠れないという身体的な問題を引き起こしていたり、夜間のひどい不安をやり過ごす唯一の方法になっていたり、毎晩よぎる苦しい考えから「永遠に眠りたい」という自殺企図の道具になっているかもしれません。つまり、意図的であるかはともかく、クライエントの気分に影響する薬を使用しているかもしれないのです。

意図的に気分や行動を変えるために処方される向精神薬があります。しかし、この薬は、発作、頭痛、震えといった身体症状を引き起こす可能性があります。時には長期の使用によって、元に戻らない副作用が生じることさえあります。このような理由から、臨床家のあいだで、向精神薬の投与の是非が問われてきました。薬が治療の進行を妨げるという意見、薬で精神的苦痛が緩和されることは革新的な進歩だという意見、またある種の症状への治療に必要不可欠という意見もあります。

所属機関が向精神薬の処方に対してどのような立場であっても、責任ある臨床家として、少なくとも主要な系統（メジャー系・精神安定薬、抗うつ薬、向精神薬など）の名前と基本的な特徴を把握する義務があるでしょう。薬の情報から、クライエントが重症で慢性の精神状態にあるとわかれば、現在の治療環境より構造化された治療環境が必要だとわかることもあります。あるいは、職業訓練プログラムやデイケアのような別の介入が示唆されるかもしれません。薬の情報は、クライエントの**適性を判断する**のに役立ちます。

向精神薬の情報に関して、**誰が薬を処方しているか**知っておきましょう。その処方は、毎月クライエントの抗不安薬の服用をモニターする精神科医によるものかもしれません。あるいは、緊急診療を担当した医師が、後日に別の病院が患者を引き継ぐ前提で、当座の薬の投与を行った可能性もあります。もしかしたら、クライエントの家族に処方された抗うつ剤を内緒で服用したのかもしれません。薬の入手先がどうであれ、その処方を継続するかを評価し、処方する責任があります。また、クライエントと主治医の合意を確かめる必要があり、依頼先によって提供できるサービスは異なるので、治療チームと検討する必要があるでしょう。

クライエントに向精神薬か、現在の症状に合わせた投薬がなされているかという情報が明らかになったら、次に、クライエントの**病歴の最低限の概略**を把握しましょう。クライエントは最近まで基本的に健康に過ごしてきた人か、子どもの頃まで遡るような慢性病や病弱な経歴があるか、特に大切な発達時期に大病や身体的問題が起きていたか。たとえば、今は顔に何もないように見えるクライエントでも、幼児期に火傷を負い、数度の手術や形成術を施していたことがわかるかもしれません。あるいは、思春期に背骨骨折で六カ月間も学校や友だちから離れて過ごしたことがあったかもしれません。注意すべきは、クライエントと出来事の**意**

味を探るのが目的ではないということです。目的は、単に情報を収集し、クライエントにとっての意味を聞き取ることにあります。クライエントについて集めている他のすべての情報と同じように、あとでクライエントの経歴と象徴的な出来事についてまとめましょう。

次に、クライエントの家族の病歴を簡単に探りましょう。家族のうち誰が、いつ、何が原因で亡くなったのか、慢性疾患によるものか、誰がその人の看病をしたのか、その人が亡くなったときクライエントは何歳だったか、クライエントの人生においてどのような存在だったか——このような質問はたくさんあり、その答えからクライエントにとってどのような意味があるのか考えられるでしょう。たとえば、クライエントが二歳のとき、弟妹の出産時に母親が亡くなったことと、クライエントが一二歳のとき、母親が自殺したのとでは、その意味が大きく異なります。五四歳の姉を卵巣癌で亡くした四九歳のクライエントにとって、一族が三代続けて五〇代で卵巣癌のため亡くなっていることと、身内の誰もこの病気を患ったことがない場合とでは、まったく意味が異なります。

症例は多種多様で、個々のクライエントが治療にもちこむ健康と病気についての感情と意味はさまざまです。どの文化集団にも独自の信念と伝統があり、家族によって振る舞いや行動は異なります。すべてのクライエントには文化と家族に起因する信念と感情があり、個人的感性に上書きされています。クライエントと自分とはまったく異なる存在だということを心得ておきましょう。

●HIV（human immunodeficiency virus／ヒト免疫不全ウイルス）の症状

ここで示される症状の多くは、ＨＩＶ**以外の**病気とも関係する可能性があります。以下のことに精通して、注意をおこたらないようにしましょう。

- 男性、女性、子どもに現れるＨＩＶの一般的な症状は、急激な体重減少、慢性的な皮膚の腫れ、皮膚発疹、持続する下痢、慢性的なヘルペス、気管支肺炎、頻発する感染症、インフルエンザのような症状、結核、持続する咳、帯状疱疹、カンジダ症、慢性疲労を含みます。
- 女性において、ＨＩＶは貧血、尿路感染症、膣びらん・潰瘍、慢性カンジダ膣炎、子宮頸がん・子宮頸部細胞異形成、または慢性的な婦人科の問題のような症状にも現れるかもしれません。しばしば症状は妊娠時に初めて発覚します。
- 子どもにおいては、ＨＩＶの存在が、頻発する発熱、呼吸困難、「発育不良」症候群、発達遅滞、脳障害、慢性的な耳、鼻、のどの問題によっても示されるかもしれません。

責任ある臨床家の役割として、実際に何が最も有用なのかアセスメントするためには、一定の情報が必要です。しかし、あまり差し出がましく、無関係な質問をしないようにしましょう。クライエントの態度や意味をより理解するために**根気よく探り**、**丁寧な聞き取り**を心がけ、**両方のバランス**を心がけましょう。一度情報が得られても、つねに**新しい情報**を得るようにします。最新の情報を書き留め、クライエントが退室した後によく考えましょう。

病歴

以下は、クライエントに一通り答えてもらうための質問です。これらは、あなたが聞く必要のある情報です。必ずしもクライエントに直接尋ねるとは限りません。クライエントに質問する必要がある場合は、質問が示される順序と時間についてスーパーヴァイザーと話し合いましょう。

1. クライエントの健康状態はどうですか。それは変化していますか。
2. クライエントが最後に医師に診てもらったのはいつですか。どのような理由からでしたか。
3. クライエントは定期的に健康診断を受けていますか。
4. クライエントは煙草を吸いますか。
5. クライエントは飲酒をしますか。何を飲みますか。量や頻度はどのくらいですか。
6. クライエントは今まで違法薬物を使ったことがありますか。何を使いましたか。どのくらいの頻度で、どのくらいの期間ですか。クライエントは今まで静脈内に薬物を摂取したことがありますか。

クライエントが現在の健康問題を報告する場合

7. いつ、この問題／状態が始まりましたか。
8. どのくらいの頻度でそれは起こりますか。
9. それが起きると、どの程度、日常生活の妨げになりますか。
10. この問題を医師に診てもらったことがありますか。
11. この問題や何か別の問題で入院したことがありますか。
12. もしそうなら、いつ、どのくらいの期間ですか。
13. クライエントは処方薬を服用していますか。何のためにですか。どのくらいの期間、どのくらいの量ですか。何らかの副作用に気づいたことがありますか。
14. クライエントは市販薬を定期的に服用していますか。何のためにですか。どのくらいの期間、どのくらいの量ですか。何らかの副作用に気づいたことがありますか。
15. クライエントは性的欲求の欠如による深刻な事態を経験したことがありますか。性的興奮や勃起の不全はありますか。性的満足の欠如はありますか。
16. クライエントは妊娠したことがありますか。合併症はありましたか。
17. クライエントはＨＩＶの検査を受けたことがありますか。ＨＩＶの検査を受けるべきだと考えたことがありますか。もしそうなら、なぜですか。

18. クライエントの経歴上、ＨＩＶの危険にさらされる要因はありますか。たとえば、針を共有した薬物静脈注射、売春、輸血時の血液のＨＩＶ感染、同性・バイセクシュアル・異性のパートナーとの安全でない性行為などです。

19. クライエントには、ＨＩＶの存在を示唆する何らかの身体的な症状がありますか。または過去にありましたか。

その他の経歴

20. クライエントには、子どもの頃に健康上の問題がありましたか。

21. 今まで入院や手術が必要になりましたか。

22. クライエントは今までに重大な事故を経験したことがありますか。

23. クライエントの両親は両方とも存命ですか。もし存命でなければ、原因は何でしたか。

24. クライエントの兄弟姉妹は存命ですか。もし存命でなければ、原因は何でしたか。もし存命であれば、どのような健康状態ですか。

25. クライエントには子どもがいますか。もしいるなら、子どもは生きていますか。子どもはどのような健康状態ですか。もし存命でなければ、原因は何でしたか。

第4章 家族の初回面接をどのように実施するか

どの機関や施設においても、家族と会う機会は多くあります。しかし、「家族と会うこと」が、すなわち家族療法を実施することではありません。子どもの日常生活を把握するために家族全員と会い、家族に生じた問題への対処と指導のために両親と会うこともあるでしょう。児童養護施設や児童福祉機関で働いていれば、必ず家族と会います。医療現場で働いていれば、患者の入院・治療について話し合うために家族と会うでしょう。だからといって、家族療法を実施する機関や、家族療法が最も効果的で有用とする治療チームのメンバーが、家族療法を選択するとは限りません。

この章では、家族療法の基本的な考えを紹介して、どのように家族と初回面接を行うかを解説します。また、どのように家族が機能しているのか、家族療法に適しているかどうかを評価するための指針を提供します。解説の多くは、治療チームが家族療法を最善で唯一必須の介入法と考えるかどうかはともかく、**あらゆる家族面接の力動**（ダイナミクス）を理解するのに役立つでしょう。

成人クライエントの面接の章と同じく、家族の初回面接を時系列順に解説します。本題に入る前に、これまでの「クライエント」という概念をいったん脇に置く必要があります。個人の治療では、一人の症状や問題や強みを評価し、**個人**と家族関係の影響を評価してきました。しかし家族療法では、**家族全体がクライエント**となり、**家族間および家族内の相互作用**に焦点をあてます。家族療法では用語も異なります。家族療法は主に「**システム論**」に由来し、**コミュニケーションは循環する**と仮定されます。システム論ではこれを**円環律**と呼び、すべての動作は**反応**を生み、すべてのメッセージは**返答**を生み出すといいます。家族全体を風船のように思い描くとよいでしょう。誰かが風船の一部を強く握ると、全体が影響を受け、別の部分が膨らみます。この膨らみが症状で、助けを求めてきた家族の主訴に相当します。家族療法家の仕事は、家族がプレッシャーを感じる原因を突き止めることです。

家族の症状を考えるときには、家族間の五つ——**両親のうち一人、両親のあいだ、親子のあいだ、子どもたちのあいだ、子どものうち誰か一人**——のうちひとつに、症状が現れると覚えておくとよいでしょう。

症状が子どもに現れた場合、すでに子どもの治療に関係機関が関わっていることがあります。たとえば、子どもの無断欠席、非行行為による裁判所の関与、薬物使用の危険が原因かもしれません。もしくは、手に負えないやんちゃ者か、引っ込み思案か、拒食か、兄弟姉妹で争いが絶えず「要更生」とみなされて、助けを求めてきたのかもしれません。こうした子どもを家族療法の用語で「**患者とみなされた人（IP：Identified Patient）**」といいます。

家族のうち一人だけが問題でも、家族面接を行うときの基本となる質問がひとつあります。自分自身に、**この症状は一人の人物だけに関与しているように見えるが、家族全体にどう影響しているのか**、という問いです。この質問を念頭に置けば、**問題全体に対処する**ことになり、ただ一人の行動の、ただひとつの側面だけを検討することは避けられるでしょう。たとえば、無断欠席をして薬物に手を染める青年（男性）がいたとします。一見、両親を傷つけ、自分の目標さえ台無しにしかねないように見えますが、両親が不和で、家族をつなぎとめるためにした結果、非行に及んでいるのだとわかってきました。このような場合、子どもの問題解決の試みや援助のために、両親の不和を解消していきます。

同様に、現在の症状がなかったら**家族には何が起きていたか**、自問してみましょう。先の例の場合、逸脱行動をする子どもは、自分が家族のストレスのはけぐちになっていなかったら、両親が絶えず口論し、父親が家からいなくなると感じていたのかもしれません。つまり、子どもの症状が家族の問題を解決していたといえます。これは、家族の機能のあり方を考えるうえで鍵となる概念です。それは、たとえ不幸なものであっても機能不全であっても、**症状が家族の問題の解決策になっている場合がある**ということです。

この枠組みを考慮しながら、初回の家族面接の流れを見てみましょう。通常、両親のうち一人から電話や援助の要請を受けますが、必ずしも両親が家族療法を受けたがっているとは限りません。そのため、問題に対して必要なのが個人治療か家族療法かはわかりません。家族全員に初回面接に同席するように求めるか、いつ求めるかという指針が所属機関にあるか否か、スーパーヴァイザーと話し合いましょう。

●**自分に問いかけましょう**
- この症状は、その家族が抱える問題に対して、**どのような解決策**になっているか。
- **問題**は何か。

所属機関が最初から家族全体を評価する指針であれば、できるだけ多くの**家族が初回面接に参加できるよう調整**しましょう。そして、初回面接のあいだに家族全体に影響する**問題を再定義します**。

問題の再定義は、家族全員を見なければ不可能です。しかもクライエントが相談機関に家族療法を求めて電話したのでなければ、初回面接で家族全員が参加するという提案に抵抗することがあります。その場合は、抵抗の仕方や様子に注意します。なぜなら、家族機能のあり方や家族の役割についての文化的な違いを知る、最初の重要な手がかりとなるからです。たとえば、夫の仕事が忙しく帰宅しないと妻が語ったとします。そこから、子どもの世話をする責任は誰にあるか、夫と妻のあいだに潜む対立があるか、家族が父親をかばっているかなど、有益な情報や可能性が得られるでしょう。

目標が家族面接を行うことであれば、面接にできるだけ多くの家族を集めます。家族療法家のなかには、家族全員が出席しないのなら初回面接を行うべきではないと言う人もいます。所属機関の方針として、面接のうちの少なくとも一回は、幼い子どもがいても家族全員と会うようにしていると説明すると、受け入れられやすいでしょう。幼い子どもの出席を勧めるのは、年長の子どもや大人は家族のことで何を話したらよいか、暗黙の約束を身につけているからです。それに対して、幼い子どもは素直に話してくれるものです。新しい子どもの誕生は、子ども同士や父母間の感情や関係性に影響するため、乳幼児の出席も有益です。「幼すぎる」「じっと座っていられない」などの理由で子どもを連れてくることを親が拒むとしたら、子どもとの情報共有に対する不快感、家族内での子どもの特別な役割があるのかもしれません。さらに、実は最も幼い子どもにこそ注意と助けが必要だということかもしれません。

初回面接に誰が出席するかを話すとき、必ずしも母親・父親・子どもで「家族」が構成されているわけではないことを覚えておきましょう。参加を勧める際の一般原則として、家族の一員として同居している叔父、祖父母、彼氏、養子といったすべての人を考慮します。家族ではない重要人物が家族の行動に大きく影響している印象があれば、同席を勧めます。

準備の過程で、家族内のいろいろな年代の多数の人々と面接することに気づくでしょう。この見通しが、個人療法と家族療法の面接感覚の重要な違いをもたらします。一回の面接で一人のクライエントに対応することに慣れていたら、出席者数にかかわらず、初めての家族面接は混沌とした雰囲気になるでしょう。それを中和する家族療法の重要な原則は、初回面接の担当セラピストがより積極的に役割を担い、「統率する」役割を果たすというものです。面接を進めるにつれ、いつどのように統率する役割を果たすべきか、はっきりとした感覚が身につくでしょう。理想的ではなくても家族全員が着席できる場を整えることが先決です。面接室から出て家族全員を迎えることも大切です。それは、家族一人ひとりの参加を尊重していることを理解してもらうためです。家族の年齢に関係なく、全員に名乗って挨拶をしましょう。

家族が面接室に入ったら、それぞれ好きなところに座ってもらいます。そのとき、それぞれが選ぶ様子に注目します。別の人が座るところを指示する人はいるか、母親と父親は隣同士に座るか、子どもの一人が端に座るか、子どもが両親のあいだに座るか、祖母が子どもたちにいっしょに座るように勧めるか。落ち着いてくると、誰が自分の味方で、誰が部外者で、誰が誰を守る役目を担っているかという図式が明らかになるでしょうか。

面接が深まっていくうち、誰が面接に来たいと思ったか、誰が来たくなかったのか感じ取れるでしょう。問題とされている子どもが、実際は面接に意欲をもっていて、驚かされるかもしれません。反対に、家族や外部の誰かが子どもに面接を強要したと気づくこともあります。事態が好転すると考えているのは誰か、あきらめているのは誰かを感じ取ることもあります。ただ、この段階では、家族メンバーの一人ひとりに関心をもっていると感じてもらうことが最優先です。

ある時点で、下準備は終わった、あるいは家族の誰かが「なぜ自分たちはここにいるのか」を問題視するかもしれない、と感じるでしょう。誰からも問題提起がなければ、「何のためにここに集まっていますか」「どうしたらみなさんの力になれますか」と率直に質問します。社交的で表向きの関係性から、より本格的な治療関係になるようにします。個人の場合と同様、家族の物語を聞きたくなりますが、語る人が複数いると物語は複雑になります。最初に話しはじめた人が家族の代表者という可能性もあります。たいがい、相談を提案したのはこの人です。それが父親（または父親代わりの人）なら、家長を頂点とする序列があり、下位になるほど権限が小さくなる、階層的で組織化された家族という示唆が得られるでしょう。そこには、尊重されるべき大切な民族的・文化的な価値観が反映されています。これが母親（または母親代わりの人）の場合、家族の性役割と母権社会の一族や文化に関する、また違った情報が得られます。

●忘れず家族全員に尋ねましょう
- 家族の抱えている問題はどのようなものだと考えているか。
- 現時点でその問題が自分の人生（生活）にどのような**影響**を及ぼしているか。

最終的に、家族が問題だと感じていることについて、全員の発言機会が必要だということを覚えておきましょう。家族療法の用語では、家族メンバーの「**ジョイニング（参加すること）**」といいます。家族の代表一人に代弁してもらい、なぜここにいるのか壮大な演説をしてもらうわけではありません。母親が「妹と兄がいつも喧嘩をしているのが問題です」と話したら、兄に話を向け、彼自身が**何を問題だと見ているか**を尋ねます。一人ひとりに、面接者が特定の誰かの味方ではなく情報収集者だと察してもらいます。個人面接のように支援者は中立的な立場にあるべきですが、家族の慣習を知るために、こちらから働きかける人々がいます。家族が抱える困難について、家族メンバーの見解を聞くと、鍵となる言い回し、繰り返される主要テーマ、コミュニケーションのパターンが見えてきます。これらの情報から、家族メンバーが個々に問題をどうとらえ、影響をどう感じているか、理解をまとめることができるでしょう。

この面接段階には、明確ではないものの重要な側面があります。それは、両親、兄弟姉妹、子どもといった家族メンバーが、**何が問題だと考えているかを初めて聞く機会**となるということです。配慮と興味をもって聞こうとすれば、家族メンバーは身構える必要はないと感じ、他のメンバーの話をもっとよく聞くようになるでしょう。

ジョイニングは、**家族全員の話を聴く機会**であり、**進行は面接者に任されていることをはっきりさせるという目的**があります。すると、家族のあいだでもめていても**安全**だと感じ、一時的な冷戦状態にある家族は安心するでしょう。

しかしながら結果として、初回面接で一人が問題となっていることについて、その話を理解する過程で意見の不一致が起きて口論になるかもしれません。そのときは、何が起きているのか——誰が口論を収めようとするのか、両親は協力するのか互いになじり合うのか、衝突を避けるために注目を集める無作法な行動を子どもがするのか、不必要に力で脅すのか、困って面接者に助けを求めるのか——注意します。

意見の不一致による対立を収めるためにあなたを頼ってきても、誰かが傷つく心配がない限り、仲裁役を請け負わないようにします。なぜなら、両親がどうにかその場を収めるのか、あるいは関心を示さないのか、見極めることが重要だからです。ただ、必要があれば、ここでは**何を言ってもよい**けれど、**何をしてもよい**わけではないと伝えます。また、一度に全員は話せないし、黙ったままでもいけないことを、繰り返し面接者から伝えます。そして、どこに問題があるのか、**家族一人ひとりから意見を聞き出します。**一人ひとりに話す機会があると安心できるでしょう。話に割り込ませないようにして、ここでは全員が公平に扱われることを理解してもらいます。ここで家族は何年も話し合ってきたものの、すれ違っていたため、家族より面接者に語るようになります。

家族一人ひとりから問題のとらえ方を聞き終えたら、今度は家族メンバーが今までどう対処してきたかを把握します。往々にして、誰か一人とその行動が原因だと決めつけられ、それを制するために時間と労力が費やされています。あなたには、家族の問題解決能力の利点と、問題が生じた原因の手がかりがあります。誰か一人を悪者にして責任を追及することなく、一人ひとりから聞いた説明に対してポジティブな言葉を伝えましょう。たとえば、一八歳の子どもが、両親は自由にさせてくれないと不満を述べていたとします。友人たちが夜中まで出かけているのに、母親が電話に聞き耳を立て、父親は夜一〇時までに車で帰宅するように強いると語ります。あなたが個人の行動や動機を尊重する立場ならば、この両親は最近の若者について理解のない過保護な人だと考えるかもしれません。しかし、これは家族という組織全体の出来事だということを思い出しましょう。両親の態度は、子どもは力不足で責任を負えないという現実を反映しているのか、重要なしつけの考え方を示しているのかもしれません。また、両親の親（祖父母）が子どもの要求を無視していたことがはっきりするかもしれません。良い親であるためには、親の目の届くところに子どもを置いておくのが基本なのかもしれません。もしかしたら、父親自身に親（祖父）との葛藤があって距離があり、息子が自分から離れないよう近くに置くと心に決めているのかもしれません。

ざっと見ただけでは、なぜ子どもの両親が極端に見える立場にあるのか理解できません。そのため、できるだけポジティブな言葉で、両親の行動を伝えることが重要です。たとえば、「あなたのご両親はとても用心深いのですね」「ご両親はあなたが安全に暮らせるよう気を遣っていますね」と伝えます。それによって両親は、自分の子育て哲学が攻撃されたわけではないと安心し、子どもは行動を制限する両親への理解が深まり、考え方が変わるでしょう。

この例は、個人治療とは異なり、**家族全体**を治療する場合の重要な側面を示しています。つまり、この介入は今この場で行われ、今この瞬間に起こっている**相互作用**に関与します。そのため、初回個人面接のように、家族内で問題とされた人の過去を探る方法とは異なります。家族メンバーそれぞれの現在の問題と、今ここで生じている生活上の影響を優先的に検討します。例外は、家族メンバーのうち、家族の問題の原因とみなされた一人が、最近大切な人の死別に直面した、アルコール依存症からの回復（リカバリー）の初期段階にある、精神病症状などの感情的問題に直面している場合です。いずれも家族療法の除外理由となるわけではありませんが、問題とされた患者をさらに傷つけ、ますます家族の態度から身を守れなくさせるかもしれません。初回面接の段階で、家族メンバーに家族療法を適用するのが難しいかどうかアセスメントします。そして、スモールグループか個別治療で家族と会うのがよいか、スーパーヴァイザーや治療チームで話し合いましょう。

例外はさておき、一人ひとりの過去の歴史や個々の精神的力動よりも**家族内の相互作用**に焦点を合わせます。ただし、そのときには、そこにいない人の存在、いわば「亡霊」の存在に警戒します。つまり、すでに亡くなった人やそこにいない人の影の言動が、今この場の家族に影響を及ぼしていることがあるのです。たとえば、前に登場した外出を止められた子どもは、家族以外から「お前の母親はいつも電話に聞き耳を立てている」と聞かされたのかもしれません。これは、家族以外の誰かの態度や価値観が家族関係に影響を及ぼした例だといえるでしょう。

家族が順番に問題を説明するのを聞いているあいだ、問題が生じた**背景**が感じられるでしょう。父親が職を失った、最近引っ越した、新しい家族が加わったばかり、またはいなくなった、などがわかります。これらの要因によって家族内のバランスは変わります。それを探求すれば、家族がどのように変化に適応するかをアセスメントでき、家族がどのように過去を対処してきたか、長年にわたる家族の機能不全や克服できる出来事に対処しているか、家族に成長して変化する能力があるか、といったことがもっとよくわかるでしょう。

家族の柔軟性をアセスメントするもうひとつの有効な手段は、**コミュニケーション・システムの働きに注目すること**です。それは、次の面接段階において家族メンバーに、直面している問題について語り合ってもらうとき、たとえば兄が喧嘩相手の妹に、どのような行動を取ると叩きたくなるのか話すように提案することで明確になるでしょう。兄が妹に話しはじめた途端、母親が割り込んできたら、母親が「仲介者役」であること、また「仲介者」を介してコミュニケーションは変更されたり受け入れやすい形に変換されていて、そのせいで家族は互いに直接対話していないことがわかります。

> **●自分に問いかけましょう**
> ・この問題が発生した**背景**は何か。

あるいは兄の話に割って入ったばかりの母親に対して、父親がさらに割って入るかもしれません。それから父親がいつも最終的な意見を述べていること、母親と父親がいつも子どもの育て方で衝突していること、父親は兄に味方して、母親は妹の肩をもつことがわかるかもしれません。あるいは、妹が兄の行動を解説したり、家族のなかで誰もがはっきり意見を言わず「心中を察する」ことがわかるかもしれません。そこで、家族の一人ひとりは異なっていて、いつも自分と同じように考えるわけではないと理解しましょう。

この段階で見られる、重要な別の家族力動を紹介します。家族の構成員が**どれくらい家族間の相違を許容できるか**、ということです。家族の一人がまるで家族外の人のようだとしたら、問題の所在に関する家族の総意に同意していないからか、誰かが意見の相違の解決に向けて働きかけそうか、よそよそしく意見を言うことしかできなそうか、「家族の汚点をさらしたくない」といった感じはありそうか。こうした現象は、家族療法という未知の経験への率直な不快感の表明かもしれませんが、慣れてくれれば変化するでしょう。あるいは、異なる意見が遠慮なく話されていなければ、誰かに矛先が向かないようにしようとする、複雑な恐怖を示しているのかもしれません。たとえば、家族は母親が深刻なうつ状態になりやすいのを知っていて、「いつも言い争わないようにしている」としたらどうでしょう。つまり、母親が病気にならないよう遠ざけ、無理して見せかけの明るさを演じているのかもしれません。あるいは、家族内に秘密があるのかもしれません。たとえば、性虐待が行われていると一方の親と子どもの一人が気づいていても、他のメンバーには教えられないと思い込んでいるのかもしれません。また母親の実父が自殺したといった、両親が合意のうえで子どもに隠している秘密があるかもしれません。あるいは母親が再婚であることや、父親が本当は大学を出ていないといった、それほど害がないのに家族には重大な秘密となっている話があるかもしれません。

秘密は家族の機能不全の要因です。家族メンバーが秘密を抱え、一部の同盟関係や家族内に部外者を生じていることがあります。近親姦やアルコール依存症の家族が共に過ごすうえで、現実を直視することは確実な脅威となります。一方、機能不全を起こさせる秘密は、家族の対話する方法を知るヒントになります。**家族に秘密がある可能性に注意する**と、そこには家族間で混同してはいけない**分別**があります。家族メンバーから話を聞く際、家族間の分別や節度について、**誰が家族の責任者か**、と自分に問いかけます。最も簡単な方法は、両親は両親らしく、子どもは子どもらしいか、という視点取りです。父親がお金の心配をしたり、母親が出かけるのを心配する子どもが諸々の支払いに出かけたり、下の子の面倒を見て学校に連れて行ったりしているか。父親の実母がいっしょに暮らしているなら、母親は自分の子どもを子どもらしく適切に扱っているか。母親に、**子どもがいる**家に住んでいる自覚はあるか。母親の性生活が子どもに明け透けになっていないか。これらの例は、**観察可能な分別と適切な境界線（バウンダリー）の受け止め方の世代間問題**を示しています。たとえば、境界線が厳格すぎる家族の場合、父親が大学卒ではないという秘密が子どもに知られたら、誰も精神的に傷つかないとは保証できず、何らかの援助が必要になります（現実には、父親が秘密にすることのほうが、家族を傷つけているかもしれません）。反対に、世代間の境界線が曖昧で、分別なく何でも越境してしまう家族もいます。その場合、両親に適度で適切な世代間境界線を再確立させて、家族メンバーがどのような役割を果たすべきか明確にするようにします。この家族には、もっと語り合うサポート必要なのか、語るのを手控えるサポートが必要なのかを自問しましょう。

家族治療において、初回面接の最終段階も個人が対象の場合と異なります。家族療法家は、特にその家族が「問題」は特定の一員にあると信じている場合、問題を「リフレーミング（問題の再構築）」することが重要だと考えます。そこで、これは家族相互の問題・家族のシステムの問題であって、誰か一人の問題ではないと理解してもらいましょう。先の一八歳の子どもの例を挙げると、「ここでの問題は、子どもがどの程度自立するのがよいのか、みなさんがそれぞれ異なる考えをもっていることのようです。そのため、子どもが窮屈に感じ、両親のどちらかが不安を感じ、もう一人が自分は良い親ではないと感じています。次回の面接で、子どもが自立心をもてて、あなた方二人が心配を覚えない、中間地点を探っていきましょう」と伝えます。

●覚えておきましょう

・誰もとがめられず、問題が自分の人生にどう影響しているかわかるように、つねに問題を「**リフレーミング（再構築）**」してください。

リフレーミング（再構築）は、クライエントがもがいている問題の定義を見つけようとしている点で、個人が対象の初回面接と似ています。再定義は、**クライエントの合点がいき、労力をかけるところに、同意のうえで構成**されます。しかし、長々と一人の行動や感情を考えるのではなく、むしろ問題が家族一人ひとりにあり、相互作用がもたらす影響を指摘します。家族と面接者の取り組む範囲は、個人の場合と異なります。暗に家族全体の問題として示し、家族の助けとなるために来談を続けるよう勧めます。

家族メンバーは同意することも、しないこともあります。同意が得られたら、すべてのメンバーが来談できる機会を調整して家族面接を準備します。メンバーの都合が合わないと、助けが必要なのは誰かを家族メンバーがふたたび決めはじめたり、それに同意したメンバーだけが参加するといったことになりかねません。これでは有用でもなければ生産的でもありません。場合によっては、異なるメンバーの組み合わせになるかもしれません。しかし契約上、家族全員で会うという原則をはっきりさせる必要があります。家族が勧めに同意しないければ、情報共有への恐れがどのくらい強いか、家族が誰かを必要をどのくらい強く感じているか、そこにジレンマがあることなど、多くの情報が得られるでしょう。

家族が全員で来談しようとせず、個人治療を行う他の相談機関への紹介にも前向きでない場合、どうしたらよいでしょうか。経験のある家族療法家であれば、家族に力にはなれないと伝えるでしょう。しかし、研修生には経験が限られているので、所属機関の権限も考えあわせ、一両日中に返事をすることを伝えて、待ってもらいましょう。そのあいだ、何が最も役立ちそうか考えるために、スーパーヴァイザーと治療チームに事例を提起し、次に何をすべきか指導を受けましょう。

例外は、問題とされている患者か家族の**誰かが危険にさらされている場合**です。そのときは、個別面接の手配をして自由に話せるようにします。特に、身体的虐待や性虐待が疑われる場合や、家族メンバーの誰かが危険にさらされていると感じたときは重要です。けれども、例外を認めることは、誰か一人が問題であるという家族の信念を追認することになりかねません。それでも、状況がとても深刻な場合、こうした判断を下し、妥協しなければなりません。しかし、将来のどこかの時点で、改めて家族全員と問題に取り組む機会を探りましょう。

第5章 子どもの初回面接をどのように実施するか

多くの臨床家がそうであるように、子どもをみない環境で働いているか、大人を相手に働くほうが気楽に感じているのであれば、この章をすべて読み飛ばしたいと思うでしょう。しかし、たとえ担当ケースが大人に限定されていても、子どもがいない大人だけを担当する可能性は低いでしょう。万が一、大人だけを担当することになっても、子どもでいたことのない大人を担当することはありえません。ですから、子どもの発達に関する基礎知識と、子ども面接を行う基本的な技量を養うことは避けられません。

まず、大人面接と子ども面接との相違点と類似点を探るところから始めましょう。

最初に、この章の目的として「子ども」の実質的な定義をします。これから示していく前提の多くは、幼い子どもと年長の子どもの両方に当てはまります。しかし、特に年齢が五歳から一〇歳の子どもに焦点をあてます。なぜなら、乳幼児と異なり、彼らは言葉を使って外の世界とのやりとりを始めていますが、年長の子どもや青年と違って、自らの決断と行動は養育者の下で決められるからです。

親の養育下にあるということから、治療に来ている子どもと大人とのあいだに第一の重要な違いが生じます。

つまり、これまでの言葉の表現でいえば、**子どもが自発的なクライエントであることはほとんどありません。**子どもは、自分に治療が必要だと感じることはもちろん、治療を受けているという自覚すらありません。

幼少期は本来、無邪気で気楽な時期であるにもかかわらず、子どもに治療が必要だという考えに、セラピストは戸惑いや疑問を抱くかもしれません。また、大人となったクライエントも、幼少期に経験した不幸な記憶を鮮明に述べますが、その年齢でこれほどの痛みを経験したことに当惑させられます。しかし、クライエントが治療について理解する以前に、子どもたちは自分のしたことをわかっていて、セラピストがすることを理解するより前に助けを求めているという悲しい現実を理解しましょう。

多くの場合、子どもに問題があれば、まわりの誰かの目に留まります。スクールカウンセラー、教師、小児科医、カウンセラー、児童福祉関係者、大人を診察するクリニックなどが紹介《リファー》してくるでしょう。あるいは、子どもの気分や行動が心配になった両親が問い合わせてきます。どこからの紹介であっても情報源を気に留めておきます。なぜならそれは、子どもを心配し、子どもが困っていると感じているのは誰なのかを、第一に示しているからです。それが両親でなければ、両親は必ずしも子どもに問題があると受け止めていないということです。停学したり部活を休んで家にいるといった前兆がなかったら、子どもは治療につながらなかったかもしれません。ですから、子どもの治療がどのように進むか、子どもにとって治療が役立つか、必ずしも親が理解しているわけではないと推測します。両親と最初に接触する準備をするときに、このことを気に留めておく必要があります。

次に、**「なぜ、今このときに」という疑問**をもちましょう。この時点で子どもに注意が向けられる原因となった、現在の子どもの人生における重圧や変化は何か、という疑問をもちましょう。起こったのは子どもの変化なのか、それとも離婚や大切な人の死といった状況の変化なのか。子どもが自分の経験に反応しているのか、それとも誰かが子どもの言動を懸念しているのか。

こうした質問の次に、**子どもの面接ができる空間**を準備します。しかし、準備を始めるのは、子どもを楽しませるためではありません。つねに心がけるのは、子どもに役立つ情報を集めることです。この年齢の子どもの多くは、コミュニケーションの方法がわかれば、情報収集に必要となる基本的な道具を用意するのはそれほど難しくありません。

大人には、人生を言葉で表現できるだけの経験と認知の備えがあります。大人とは異なり、子どもはまわりの人に、気持ち、恐れ、心配、理解、誤解を態度で表します。子どものコミュニケーションは、象徴的《シンボル》で比喩的《メタファー》です。遊びと呼ばれるそれは、精巧で複雑、豊かな空想とイメージで満たされ、むなしかったり、凄まじかったりします。

遊びが子どもの内的生活の表現であるという考え方は、子どもの「遊び」が単なる楽しみの活動として理解されてきたことと相容れないかもしれません。しかし、遊びは楽しみにすぎないのだから子どもには悩みがないというのは、根拠のない作り話です。

このことは、子どもは小さな大人であるという別の神話と対照的です。大人が思うより子どもは複雑で、見た目ほど純真ではないというのが真実です。子どもが言葉を習得するとき、まるで大人と同じ言葉だけでなく、同じ意味も理解しているようにみえることがあります。けれども、深読みしなければ、大人が生涯をかけて学んだことと子どもが学んだことが同じであるはずがなく、すぐに結論が出る憶測です。ですから、子どもを理解するためにその経験の意味をいっしょに探りはじめるときは、早合点して大人を理解するのと同じだと思わないようにしましょう。

●覚えておきましょう
・子どもの遊びは言葉です。

ここで、子どもが自分の気持ちを言葉にできないのなら、どのように子どもとコミュニケーションを取ることができるのか疑問に思うでしょう。治療ができないのではないかと——必ずしもそうではありません。実際、子どもの治療には興味深い逆説がひとつあります。子どもは言葉で感情を表すことは難しいのですが、ある面では、子どもは大人よりはるかに自由に感情を表現します。子どもは社会的圧力による抑制を受けにくいものです。子どもが的確な文章で自分の経験を表せないとしても、子どもが理解できる言葉で表現を伝えれば、自分の感じ方もわかるのです。ただ、何十年も不幸とつきあい生きてきた人を助けるのと同じではありません。子どもの不幸や混乱の源は現在進行中です。私たちの仕事は、**子どもが邪魔されずに成長して学びつづけられるようにすること**です。そして、子どもの不幸や混乱が明らかになり、真剣に受け止められ、**それらができるだけ関わる人々によって変わる雰囲気を作り出すこと**——これが治療過程を始める方法です。子どもとあなたができるだけ、気が散らずに会える静かな場所を見つけます。面接室を使う場合、子どもが興味をもちそうなものがあって、子どもに遊んでほしいと思わなければ片づけます。最初のうちは、大切なものを壊さないか、気が散らないか、稀に心配の種になる可能性もあります。子どもの面接に慣れ、理に適った明確な制限を設定する熟練者になっていけば問題となりません。

次に、子どもとの同席が必要な家族のために席を用意します。両親が子どもの兄弟姉妹全員や、来訪した親類を待合室に連れてくることもあります。そのような場合、初回面接を両親と気がかりな子どもとだけ行うか、ほかの家族も含めるか、できるだけスーパーヴァイザーと検討しておきます。そして、全員が座れる広さの面接室や別室を手配します。

●子どもとの初回面接の前にすること

・適切な空間を用意し、使える紙とペンを手元に置いてください。
・誰が面接にいて、いつ面接に加わるべきか、スーパーヴァイザーに尋ねてください。
・両親と子どもに守秘義務をどう伝えるか、スーパーヴァイザーに尋ねてください。

面接室には、面接者用と子ども用の二つの椅子、小さなテーブルを快適な距離に置きます。小さなテーブルがなければ机の隅を利用します。ほかに、いくつかおもちゃがあればちょうどいいでしょう。ここには重要な事柄が二つ含まれます。ひとつは過剰な「親切」をしないこと、もうひとつは「適量」ということです。目的はさまざまな選択肢で子どもを圧倒することではなく、子どもが自分の気持ちを表現する道具を提供することです。おもちゃは重要なものを厳選し、子どもの年齢、人種、性別を考慮します。同時に、子どもは想像力が豊かですから、基準にとらわれすぎないことです。子どもはわずかなおもちゃで自分を表現する方法を見つけるものです。

家族に似ている人型か動物などの小さめのフィギュアが役に立ちます。必要に応じて、車のおもちゃ、ボードゲームも追加します。テディベアなどのぬいぐるみもよいでしょう。どれでもいいですし、必須のものはありません。初回面接に必須の道具は、鉛筆数本、消しゴム、何枚かの標準サイズの紙くらいです。クレヨン、マーカーペン、色紙もあるといいでしょう。全部がなくても有益で魅力的な子ども面接はできます。

すべての用意ができたら、いつもの面接と同じように待合室の両親と子どもを迎え入れ、家族一人ひとりを同じ態度で迎えます。家族全員に挨拶して自己紹介をするとき、セラピストは子どもに合わせた声と態度で話さないようにします。赤ちゃん言葉を話す子どもが相手なら、それに合わせる意味もあるかもしれませんが、赤ちゃん言葉で話しかけるのは不適切です。

所属機関やスーパーヴァイザーによっては、家族と会う順番を意図的に選択するように求めるかもしれません。たとえば、最初に子どもを伴わないで両親のみ、または最初に子どもと会うなどです。具体的な勧めがなければ、両親と子どもといっしょに面接を始めたほうがいいでしょう。ただし、子どもが気づいていない悲劇的な出来事、家族の死、(子どもを含む)誰かへの末期疾患の宣告、強姦などの情報が事前にわかっている場合は例外です。また、最初に両親が親面接のみを求めたら、子ども抜きで始めるほうがいいでしょう。その場合、子どもが待合室で過ごせるものを提供して、はじめに両親と話すために少し待ってほしいと説明します。子どもが幼い場合、子どもが両親を求めたら居場所がわかるように、面接室の場所を知らせておきます。

家族全員といっしょに面接したくても、次善の策で子どもを入れずに両親と面接をすることもあります。しかし、少なくとも子どもだけの面接から始めるのは望ましくありません。なぜなら、両親が子どもの治療の必要を感じたり、誰かから治療が必要と言われ、どのような様子になっているか考える必要があるからです。

理由を問わず、治療の知識を持ち合わせていても、子どもの治療を決断した親の大半は、悲しみ、混乱し、ふがいなさや無力感を抱きます。両親は、子どもが親より治療者に理解されていると感じて好きになりはしないか、と心配するかもしれません。あるいは、自分たちが非難されないか、と考えるかもしれません。こうした感情は言葉にならないかもしれません。しかし、両親との面接では毎回、自分が親として不適格で、後ろめたさを覚え、自尊心が傷ついたと感じる危険性があると考えておきましょう。そうなると、クライエントの子どもに関われなくなる可能性が高まります。なぜなら、この年齢の子どもは自発的に来談したクライエントではなく、自力で助けを求めて来たわけでも、自ら治療費を支払うわけでも、自ら交渉するわけでもないからです。交通機関を使って面接室に来ることはできず、可能であっても両親の同意がなければ来談しないのです。万が一、子どもが何とか自力で治療に来たとしても、治療はおそらく役に立たないでしょう。要するに、両親や養育者に協力してもらわなければ子どもを助けられないのです。

両親や保護者を子どもの治療に引き込むことは簡単ではありません。先に述べた感情をすべてを受け取るだけでなく、親に対するあなた自身の気持ちが敵対的・否定的・攻撃的になることもあるからです。そう感じるあまり、親面接で平静を保てるか心配になるかもしれません。自分がそのように感じないようにと願うことはできますが、虐待やネグレクトを扱う第11章で明らかにするように、今日あらゆる治療環境で、保護されるべきときに置き去りにされた子ども、目にすべきでないものを見てしまった子ども、負うべきではない責任を負った子どもと出会うことは避けられません。両親に怒りを覚え、子どもを助けたいと強く願う経験をするでしょう。こうした感情はさほど珍しくありません。しかし、スーパーヴァイザーと話し合って感情を処理するか、両親とのつながりを保てる方法が見つからなければ、ケースを受け持てる同僚に引き継ぎます。そうすれば子どもは良い支援を受けられるようになるでしょう。

ここまで丁寧に検討してきましたが、これから両親と子どもに会う準備を進めているところを想像しましょう。準備を進める前に、特に子どもの年齢に注目します。初回面接の定番の観察（家族の珍しい身体的特性、誰が誰に何を言うか、コミュニケーションの口調など）とあわせて、子どもの外見・発言・行動は年齢相応か自問するためです。

●自分に問いかけましょう

・子どもの外見・発言・行動は年齢相応ですか。

どこか異論を唱えたくなる自問に思えるかもしれません。これは必ずしも、子どもが本来の年齢より幼い話し方であったり、年齢より幼く見える、というだけではありません。反対に、子どもが本来の年齢よりずっと年上に見えたり、話したり、振る舞うように思えることもあります。どちらの場合も、子どもが発達上の「標準」から外れているわけで、彼らが困っているという事実を示しており、注目すべきことです。それはまず子どもの最初の行動によく表れます。そのため、子どもの実年齢だけでなく「見かけ」の年齢にも注意を払います。ですが、五〜七歳の子どもが「行う」ことを面接者が知っていて、自分の幼少期を思い出して照合しなければならないという意味ではありません。この段階では、そういった微妙な違いを探しているわけではないからです。たとえば、六歳児が指しゃぶりをしたり母親の後ろに隠れたとしても、年齢相応かどうかはわかりません。これが一〇歳児であれば確実に気にかかるでしょう。七歳の子どもが母親の代理をこなしていれば、難なく不適切だと認めるでしょう。

面接過程に馴れてくるにつれて両親と子どもの行動が変化したかどうか注意します。特に、両親が部屋を離れて面接者と子どもが二人きりになったとき、子どもの行動の変化に注意します。子どもと二人きりになる前に、家族の誰もあなたに向かって話しはじめなければ、こちらに任されたものとして面接を始めます。落ち着いた口調で、できるだけ中立的な質問をして、関係性をつくりはじめるといいでしょう。たとえば、「どうすればお役に立てますか」「なぜここにいらっしゃいましたか」などです。これらの質問は平凡に聞こえるかもしれませんが、子どもに思いやりを示し、中立的な役割をはっきりさせることが目的です。面接者は、教師でも親でもありません。子どもがいっしょにいて快適で安全だと感じるまで、遠慮がちに身体的・感情的な距離を置く、やさしい大人です。こちらから子どもに微笑んでも、子どもが微笑み返すかどうかわかりませんし、両親との面談後、子どもに面接参加を求めても、子どもが参加するかどうかはわかりません。

こうした仕事の前にも、両親・養育者の子どもの問題のとらえ方がわかります。この時期の子どもの話題は、「この子はいつも泣いています」「学校でほかの子どもを叩いています」「誰にも注意を向けません」といったものです。ほかに、子どもの気持ちが何らかの行動に表れる場合もあります。子どもの問題が家族以外から指摘されたものなら、両親が同意しているかを把握します。また、必要であればどこかの時点で、問題を指摘した人に直接話を聞きます。

また、両親と話しながら、子どもの問題について何か不快に感じているかどうか尋ねます。このような両親の感情は、難しい子育てゆえの至らなさ、生活で生じた別の問題を語る過程で現れます。親が望んだように子どもはがんばってくれず、従順ではなく、聞く耳をもたないことへの怒りや不満、率直な戸惑いを聞くことになるでしょう。

また、子どもが聞かないほうがよい話題が両親から語られることもあります。離婚や殺人など幼い子どもが同席する部屋で話すのがふさわしくない、詳細で生々しい話題です。そう判断したら、「子どもがいないときに話し合う機会を設けます」と伝えます。

自分たちの会話が伝わる距離でも子どもは話を聞いていない、と大人は思い込みます。あるいは、両親が危機感に満たされ、子どもが傍にいることが目に入らなくなってしまうこともあります。そのとき、困惑するような話題は自分のなかに押し留めてくれたらよかったのに、と思うでしょう。それでも、子どもにおかまいなく親が話しつづけたら、子どもが置かれた日常生活の内実を垣間見ることになります。

話を聞きながら、面接室での**非言語コミュニケーションにも注意**を向けます。たとえば、親が問題を説明しているあいだ、子どもは**どのように振る舞うか**、アイコンタクトを取るか、互いに触れ合うか、子どもがあなたに視線を合わせるか、子どもは聞いていない様子か、子どもはそわそわしているか、子どもが親に近づいたり離れたりするか、子どもは怖がっている様子か、親は子どもをなだめながら問題を説明するか、子どもは安心している様子か、子どもは話題に興味を示すか、子どもは静かにしているか、子どもは自分と面接者と両親の気分を紛らわすか、などです。

両親による問題の発端の説明を記録したら、子どもを議論に引き込みましょう。通常、最適な仕方は、子どもに関心を示して落ち着き、両親がここへ連れてきた理由を知っているか尋ねることです。たいていの子どもは、なぜ自分が面接室に連れてこられたのか見当もつきません。それを十分承知のうえで質問します。目的は、**なぜ自分が連れてこられたと思っているか、子どもの自己理解を引き出し、期待や不安を感じ取ること**です。子どもはおそらく三つのうち、ひとつの方法で答えます。ひとつは、子どもが肩をすくめて知らないとか忘れたと答えるものです。このとき、両親は驚きをあらわにします（それは両親のどちらかが、子どもに面接に行く**何らかの目的**を伝えていたからです）。次に、子どもは「お医者さん」のところに来たという思い込みを示します。このとき、子どもから「医者の診察室」で自分が何をされると理解しているのかを聞き出す機会にできます。さらに、子どもが自分の問題のことでここに連れてこられたという自覚を示します。たとえば、「悪い子だから」「悪さをしたから」などです。もしかしたら、責任逃れのために「（自分が悪いのではなく）いつも困らせるクラスメイトが隣にいるから」「先生が目の敵にするから」と説明するかもしれません。

子どもの反応がどうであれ、こうした言動は子どもと大人の重要な違いです。子どもは行動と感情がつながっていて、原因と結果の関係とは考えません。子どもから年齢相応の説明を聞くことはあるでしょう。しかし、子どもから「新しい継父に腹が立つので、ほかの子を叩く」「いつも母親が怒鳴りつけなければ、先生が座るように指示しても泣くことはなかった」というように、前後がつながった説明を聞くことはまずないでしょう。

一方で、面接者が短絡的に似たような推論をすることがあります。たとえば、「もし自分の父親がそんなふうに話しかけてきたら、自分だって誰かを叩いていたかもしれない」「自分が七歳の子どもで、そんなに大きな責任を負っていたら、落ち込んでいただろう」と思い巡らす、といったことです。子どもに自分を重ね合わせて、子どもの気分を和らげたいと思うのは簡単です。しかし、本当のところ、そもそもなぜ子どもの気分が悪くなっているのか理解しなければ、気分を和らげることはできない、ということを覚えておきましょう。

売り文句に買い文句だったり、無関心な様子だったりする父親と子どもの話し方は、面接室だけで起きていることがあります。父親は子どもに欠点がないかと神経質になり、当惑し、恐れているからです。あるいは、とても七歳児が負えない責任でも、それが子どもの大きな誇りになっていることがあります。だからこそ、なぜ面接室に来たのか子どもに尋ねるのです。**子どもが自分の感情をおもてに出す過程を始めるため**です。

子どもの理解を尋ねるもうひとつの目的は、両親がとても否定的に子どもに問題があると説明しても、**同室する家族全員にできるだけ肯定的に説明する機会とするため**です。子どもの説明を聞いたあとで、子どもの言動の是非ではなく、両親が子どもを心配しているからこの場に集まっていることを伝えましょう。

こうした見方は、親と子どもの双方に**安心感**を与えます。両親が子どものことでいらいらしたり、どうしたらいいのかはっきりわからなくても、面接者は、両親の子どもへの配慮を高く評価していることを示します。また、両親が子どもの面接参加が本当に必要かどうか疑っていても、子どもを助けたくて連れてきた、すばらしい両親の決断を尊重していることを示します。事前に両親から説明を受けたかどうかはともかく、たいていの子は何か罰を受けるのではないかと警戒しています。ですから、両親が罰を与えるために連れてきたのではないとわかると、安心するでしょう。これには、子どもが受け身に見えたとしても、自分の身に何が起きるか懸念していることを知ってもらう、というねらいもあります。そのためにも、子どもに心配事がないか簡単に穏やかに尋ねれば、すべて明らかになるでしょう。この年齢の子どもの多くは、こうした質問を理解できるものです。子どもが理解できる問いかけができるように、**平易な表現ができる習慣**を身につけましょう。

尋ねられた後、子どもは自分の返事が心配になり、怖くなり、混乱したりします。もしくは、なぜこんなに子どもが悲しみや怒りを感じているのか、親は理由がわからずにいます。このとき親は、子どもの様子がおかしくても、どうしようもないと感じたりします。また、自分を責めている子どもを見て驚きます。こうした気づきは、両親とのあいだに**共感**と**作業同盟**を作り出し、子どものために取り組む助けとなるでしょう。

子どもが面接に参加すると、子どもから**基本的な情報**を得ることができます。たとえば、何歳なのか、どの学校に通っているのか、何年生なのか、などです。そこから、さらに核心に近づく手ごたえが得られるでしょう。たとえば、どういう経緯で学校を休んでいるのか、いつ祖父が亡くなったのか、いつどのように両親が離婚しようとしていると気づいたのか、などです。特に子どもの面接で鍵になるのは、「なぜ」という質問を除く、「誰が、何を、いつ、どこで、どのように」という質問です。これらを、子どもが答えられる平易な言い回しで尋ねられるようにしましょう。

子どもが会話に参加したら、二人で話す時間をもちたいと提案します。両親と子どもから協力が得られたら、もう一度会います。それから、子どもの面接についての両親からの質問にも答えるつもりだと伝えます。両親が子どもと二人きりになることを快諾したら、次は子どもに尋ね、承諾したら、両親を面接室の外に案内します。子どもとの面接に誰かが反対したら、親と子どもが離れる提案に誰がどのように反応するのか注目します。親が面接室を離れても、ほどなく子どもの気持ちが落ち着くことを全員に伝えましょう。それから、子どもに二人でいても大丈夫か、時々確認しながら面接を進めます。ただし、年相応に親子分離ができるはずだと考えていても、サポートが必要な発達の遅れなどが反映されることもあります。無理のないように、子どもや両親のどちらかと複数回、面接を行う必要があることに留意します。

次に、両親がいなくなった面接室にいる子どもに焦点をあてましょう。口調、身振り、動きに、ひときわ注意を払います。特に、両親が面接室を出た直後に注意します。子どもが安心したように見えるか、いっそう緊張している様子か、声は穏やかになるか、大きくなるか、今にも泣きだしそうか、急に体を動かすようになるか、などです。それは、子どもが圧倒されたり怖がったりしないように、面接者の身振りや声を子どもに合わせるためです。当然、子どもが叫ぶからといって面接者も叫んだり、子どもに合わせて跳びはねるという意味ではありません。むしろ、いつも通り、一定の語り口で、落ち着いた振る舞いを必ず保ちます。子どもが小声で話したり、まったく話さなかったり、気弱で内気な様子であれば、できるだけゆっくり静かに面接を進めます。

いずれにしても、場所を整えてテーブルを設置したら、子どもに座るよう促し、ゆっくり移動します。子どもの手が鉛筆と紙に届くようにして、面接者の椅子は子どもから十分離して圧迫感や狭さを感じさせないようにします。

他人といて快適に感じる距離は、子どもによって大きく異なります。ハグすることに慣れている子どももいれば、両親以外の大人が近くにいることに慣れていない子どももいます。多くの子どもは、知らない人には気をつけるよう注意されています。面接者が心から子どものために最善を尽くそうとしていても、子どもからするとやはり見知らぬ大人です。

いくつかの理由からスーパーヴァイザーと治療理由の申し合わせがなければ、一般原則として、**子どもの身体に触れない**ようにします。病院や施設といった環境にいる子どもは、両親と会えなくて、身体の安らぎや安心感や、束縛さえ求めることがあります。親や養育者が子どもを連れてくる外来診療や地域環境で、偶然であっても子どもに触れてしまうと、子どもと両親は面接者の役割がわからなくなって混乱します。あるいは意図せず子どもとの接触を勧めることにもなり、不快な気持ちにさせるかもしれません。しかし、面接者の手を取ろうとしたり、膝の上に座りたがったりする子どもから、すべて距離を置かなければならないわけではありません。身体接触は友好的かつ明確に行われる必要があります。特に、以前に会ったことがないのに子どもが身体接触を求めるのは稀ですから、その行動を始めることや続けることに必ず注意します。

子どもといっしょに着席したら、子どものアセスメントのための描画（お絵かき）と質問を簡単な方法で始めます。面接者は、子どもの初回面接で記録を取ることが許されるか、また好ましいかを、スーパーヴァイザーと相談しておきます。できれば子どもが面接中に答えたこと・話したことを、そのまま書き留めます。しかし、子どもは好奇心旺盛ですから、何を記録しているのか聞いてくることも覚えておきましょう。もし尋ねてきたら、子どもの発言を書き留めていると伝えます。理由を尋ねてきたら、発言を重要だと思っていることや言動に興味があることを、子どもにもわかるように伝えます。

子どもに人の絵を描いてほしいと頼みましょう。年齢、性別、大きさなど何も指示せず、ただ人の絵を描いてもらいます。どんな絵を描いてほしいか聞いてきても、できるだけ子どもに任せるようにします。たとえば、描いた人に目、指、服などが描かれておらず、足りないものがあっても、指摘しないようにします。芸術性や写実性を見たいわけではなく、子どもが自分をどう投映しているのか見るためだからです。子どもに初回面接で描いてもらうのは、基本的にどのような描画でも構いません。絵の詳細や意味の解釈は、スーパーヴァイザーにサポートしてもらいます。基本的な描画には、家、木、家族の肖像があります。いずれも子どもの内的世界や、子どもが感じていることの予備的洞察を与えてくれるものです。子どもにとって益があるように、依頼する前にスーパーヴァイザーと話し合います。たまに喜んで絵を描かない子どももいますが、ほとんどが喜んで絵を描きます。子どもが描いた絵に関心を示し、支持しましょう。家族の絵のなかで誰が誰なのか、誰が家に住んでいるのか、家のなかはどうなっているのか、人物画の人がしていることを話してもらいます。子どもから教えてくれなければ情報を引き出します。子どもの反応の自発性と豊かさ／乏しさに注目します。話すのが難しければ、人見知りだからか、話の理解が難しいのか、要求されることへの反発なのか、単に課題に集中しているためか、注意します。また、たくさん消しては描き直すのか、紙の隅を小さく使って描くのか、満足できなければバツ印をつけるのか、注目します。描画で行う質問のいくつかは、精神状態検査（ＭＳＥ）にも含まれそうなものです。子どもの機能をアセスメントするうえで、子どもは大人と違う形で世界を見ていることを忘れなければ、精神状態検査（ＭＳＥ）も役に立ちます。幼児の精神世界は、大人からとうの昔に消えてしまった架空のキャラクターでいっぱいです。ほかにも、慣れてくると子どもの精神の違いが学べます。子どもに絵を描くように促すより、子どもといっしょに活動してやる気を出させたくなるでしょう。たとえば、子どもといっしょに絵を描くことを申し出ることで、自分が子どもに絵を描かせようとしていることに気づくかもしれません。しかし重要なことは、他の面接と同じく、**観察すること、聞くこと、アセスメントを続けること**です。

　子どもと治療関係を結ぶために、子どもといっしょにゲームをしたり、意地悪な教師役を指名されたり、かくれんぼで机の後ろに隠れたりするでしょう。しかし、すべては子どもが面接者に役割を授け、舞台を設定し、子どもの内的ドラマのキャラクターとして利用するためです。このような関係性とは一線を画すものだと、あらかじめ把握しておきましょう。子どもとゲームをすることになったとしても、面接者は遊び相手ではありません。子どもの遊びを主導して引き込まないようにしましょう。

子どもが絵を描き終えたら、描いた絵を預ってよいか尋ねます。子どもが抵抗したら、家に持ち帰ってもいいようにコピーを取るか、次に来たときに絵を見られるように子どもの名前をつけた専用フォルダをつくると提案します。できるだけスーパーヴァイザーといっしょにアセスメントできるように、描かれた絵を手元に置きます。子どもが拒んだら、子どもが帰る前に描き写します。子どもが泣いたり、怒ったり、引き下がったりするか、子どもの諦めの悪さを書き留めておきます。

絵を描いた後、子どもの心配や感情を浮かび上がらせる質問をします。スーパーヴァイザーには、自前の質問事項や、子どもが好みそうな定番の質問があるかもしれません。特になければ、以下のものがよいでしょう。

ひとつは**「願いが三つ叶うとしたら、それは何ですか？」**というものです。子どもの答えを書き留めます。三つの願いそれぞれについてもう少し調べます。たとえば、大きな部屋を望むかもしれません。そこから、子どもが混雑した環境で暮らしているかどうかを探れます。ペットを望むかもしれません。それはペットが子どもを愛してくれるからです。ママとパパといっしょに暮らすことを望むかもしれません。星の数ほど子どもの答えがあります。子どもの望みは、独特で複雑か、表面上は単純で率直なものかもしれません。いずれにしても、すべてが子どもの望みです。子どもの答えは、子どもの不幸の原因に直結しなくても、その道しるべになるでしょう。

三つの願いごとの質問を終えたら、次に子どもにこう尋ねます。**「ロケットに乗って月へ行けて、あなたの席がひとつと、誰かの席がひとつあるとしたら、誰を連れて行きますか？」**。この質問への答えは、その子の愛着感情《アタッチメント》の深さを垣間見させ、子どもは誰を最も重要で必要とみなしているかを示してくれます。面接者が期待していた人ではなくても、子どもの選択に驚いたり言葉を挟んだりすべきではありません。子どもたちがつねに母親や父親を選ぶわけではなく、友だちを選ぶこともあり、稀に一人で行くことを選びます。子どもが何を選択しても、なぜ子どもがその人物を選んだのかを把握しましょう。たとえば、月で子どもの世話をしてくれそうだから、もう一人は母親なのです。その子の友だちは賢いから、もう一人は友だちなのです。祖父が亡くなって恋しいから、もう一人は祖父なのです。

理由を探ったあとで最後の質問に進みます。**「どんな動物にでもなれるとしたら、どんな動物になりたいですか？」**。これまでの説明から、子どもの答えをどのように探るべきかはもう明らかでしょう。

●子どもとの初回面接のあいだにすべきこと

- 子どもを楽しませるのが目的ではないことを覚えておいてください。
- 子どもとの距離感を保ってください。
- 子どもに人と家、または木、あるいは子どもの家族を描くように頼んでください。
- 子どもに尋ねてください――**「願いが三つ叶うとしたら、それは何ですか？」**。子どもの答えを探ってください。
- 子どもに尋ねてください――**「ロケットに乗って月へ行けて、あなたの席がひとつと、誰かの席がひとつあるとしたら、誰を連れて行きますか？」**。子どもの答えを探ってください。
- 子どもに尋ねてください――**「どんな動物にでもなれるとしたら、どんな動物になりたいですか？」**。子どもの答えを探ってください。

次に、子どもが面接にふたたび来たいかを話し合いましょう。治療についての決断を子どもに任せることはしません。この年齢の子どもの多くは、自分が小児科の診察に行ったり、学校へ行ったりする意思決定の役割が与えられているとは思わないものです。しかし、だからといって即座に「ここには二度と来たくありません」と言えない、ということではありません。これは子どもの不安材料を探り、どうすれば次回も子どもが心地よく感じられるのかを探るための話し合いです。もっとおもちゃで遊びたい、次回は友だちを連れてきたいと望むかもしれません。面接室でもっとおもちゃを使えるようにすることはできますし、友だちに会うことも有益かもしれません。あるいは、子どもが伝えようとしていることをじっくり考えるより、早く喜ばせてあげたいという気持ちに駆られるかもしれません。たとえば、両親にできないことをしてあげたい、お気に入りのクライエントになってほしい、家で禁じられているものを代わりに手に入れさせてあげたい、といった望みです。

交わされるコミュニケーションの意味が何であれ、子どもとの約束は慎重にすることが重要です。よくあるセラピストの失敗のひとつが、「あなたに何か伝えても、誰にも言わないと約束してくれますか」という**守秘義務に関する約束**です（守秘義務の問題は第9・11章で詳しく取り上げます）。子どもとの適切な守秘義務をどうしたらいいかという質問は、複雑な問題に思えるかもしれません。初回面接から容易に生じることですから、子どもに会う前にスーパーヴァイザーと明確にしておきます。たとえば、治療の進め方がよくわからない親は、子どもと面接者が二人きりだったあいだ、子どもに何を言ったか報告するよう求めるかもしれません。子どもと継続して面接をするのなら、親は面接後の情報共有の仕方をどう計画しているか知りたがるかもしれません。あるいは、子どもが面接時に、自分が話したことを誰にも言わないと約束するよう求めるかもしれません。たとえば、自分を電気コードで殴ること、危険薬物の売り子をさせられていること、自分と性行為をしていること、自分にナイフを向けたことなどは、秘密にしておいてほしがるかもしれません。極端な例に思えるかもしれませんし、自分一人では子どもの面接を担当しないと誓うほど不安になるかもしれません。しかし意に反して、子どもと自分自身を守るために、また法的義務を果たすために、面接者は必要なことをすべてしなければなりません。目下、基本的な指針が役に立つでしょう。

最初に、どのように両親に対して子どもの秘密を守り、両親との治療契約を維持していくかという問題を考えます。スーパーヴァイザーには子どもが好む言い回しがあるかもしれませんが、一般に、両親には二つのことを申し出ることができます。ひとつは、実際の子どもの言い方を繰り返さず、子どもの行動と感情のうち、重要と思われる**テーマと不安材料を共有することを伝える方法**です。もうひとつは、子ども自身、または、ほかの誰かから危険にさらされている兆候に気づいたら、すぐ**確実に知らせると伝える方法**です。

これら二つの指針を、子どもにとって最も役立つのだと両親に示すべきです。それによって、両親を除け者にするつもりはないこと、両親が子どもを心配している事実を理解し尊重していること、両親には知る権利があること、両親が子どもの幸せに最終的な責任を負っている事実を十分に理解していることが伝わります。

子どもからは、他人に口外されるのではないかという疑念が早々にもちあがるでしょう。たとえば、子どもは、何も言わないことを重ねて約束してほしいと頼むかもしれません。そのような状況に対処するために、スーパーヴァイザーの意向を確かめる必要があります。ただ、どの指針も利用できない場合、二人で話したことはおおむね二人のあいだだけのものであり、ただし、ひとつだけ例外があると伝えるといいでしょう。それは、子どもが誰かに傷つけられる場合、子どもが自分を傷つける場合、子どもが誰かを傷つける場合、です。

こうした例外を詳しく説明すると、子どもは危険に晒されていても打ち明けるのを避けはしないかと心配するセラピストもいます。実際には反対で、それは杞憂です。なぜなら、自分が傷つけられることや、誰かを傷つけそうになることから守ろうとしていることを知らせているからです。第8・9・11章で扱うように、所属機関や両親に知らせるかどうか、選択の余地がない状況に陥るかもしれません。したがって事前に子どもに約束事を伝えておくと、子どもの信頼を裏切ってしまったという苦しいジレンマから自分を守ることになります。子どもとの面接を終えたら、ふたたび両親を招き入れ、もう一度会うことについて簡単に話し、すべての疑問を取り扱います。来談した大人たちは、自分自身のことでそのような質問はしないかもしれません。けれども両親は、子どもが何に困っているかという見解や、子どもの困りごとを解消するのにどれくらい時間がかかるのかという見通しを、聞きたがります。こうした疑問は、サポートを求めて子どもを連れてきている親の大半が抱くもので、その不安を考慮すればもっともだとわかるでしょう。そこで、アセスメントの過程を説明し、所属機関が子どもにとって適切な場所であること、しばらく時間を要することを、両親に知らせる必要があります。

次に、子どもをサポートするうえで親が果たす役割を詳しく説明します。子どもの治療には、いかなる親の関与も必要ないという人もいます。両親や養育者、親戚も含めた家族の積極的な参加がなければ、子どもの治療はできないという所属機関もあります。問題の定義によっては、両親の参加を必須とします。反対に、問題の定義によっては、両親の参加を禁じる人もいます。これらについて両親と明確にしておきましょう。

指示に従って、子どもと両親、あるいは全員の次回の予約を申し出てください。たとえば、次回は子どもの生育歴を聴取する必要があるかもしれません。そのときは両親か片方の親と面接を行います。あるいは、次回セッションを子どもだけと行うように設定します。特に両親には、治療中の子どものためには、**一貫して定期的に予約を入れることが重要**だと説明します。毎回、子どもにいつどれくらい会う予定か、**見通しを知**

らせます。子どもが抱いていそうな**疑問にはすべて答えます**。面接後は家族全員を待合室まで見送り、いつものように面接での観察について考え、記録する作業をしましょう。

虐待

子どもを虐待から守る科学

アセスメントとケアのエビデンス

原田隆之＝編著／堀口康太　田附あえか＝著

児童虐待はどこまで解明されているか。データをもとに正確なアセスメントとケアの根拠を携えるための「児童虐待と闘う科学」。

2600円

子ども虐待とトラウマケア

再トラウマ化を防ぐトラウマインフォームドケア

亀岡智美＝著

トラウマインフォームドケア、ＴＦ－ＣＢＴ、アタッチメントなど現代のトラウマケアに欠かせないさまざまな視点を網羅し、臨床に活かす。

3400円

アセスメント

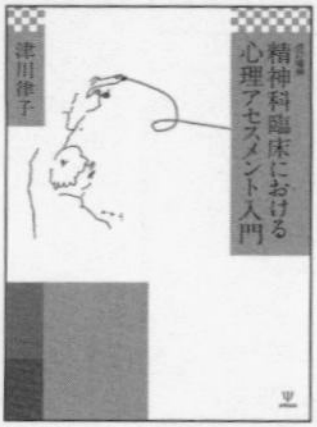

改訂増補 精神科臨床における心理アセスメント入門

津川律子＝著

クライエントとセラピストの間に築かれる立体的な心理アセスメントを「六つの視点から」論じた、心理アセスメントの必携書。

2800円

カウンセリング

あなたのカウンセリングがみるみる変わる！

感情を癒す実践メゾット

花川ゆう子＝著

感情理論＋愛着理論に基づくＡＥＤＰ（加速化体験力動療法）を豊富な事例で解説。一歩先へ進むためのカウンセリングガイド。

3200円

第6章 生育歴をどのように聞き取るか

まず最初に出てくる質問は、生育歴とは厳密にいえば何か、というものです。面接者が大人のクライエントとの面接に慣れてくれば、クライエントの育ちをたどるものがあるとよいと気づくでしょう。けれども、それがどういうものか知らないでいます。

大人の面接をしているとき、その人の幼い頃の環境を想像します。実際にどのような時間だったのか、そして喪失、恐怖、病気、発育、傷つきの影響のない環境を想い巡らします。子ども時代を知っているクライエントとの面接で、生来の気質、ストレス反応、幼少期の愛着（アタッチメント）に関する性質、家族内での役割がどのようなものか、きっと疑問に思ったことでしょう。しかし、このような機会は大人の治療の場合でもあまりなく、仮にあったとしても、必ずしも治療に役立つわけではありません。

けれども、子どもの場合は異なります。幼少期の養育者から、子どもの幼少期の環境や経験について聞き取る機会があります。この機会は、徹底した入念なアセスメント結果を作成するうえで有益です。これによって子どもの生活についての比較的正確な生育情報が、セラピストにもたらされます。同時に重要なことは、この方法が親とセラピストとの治療同盟を脅かすことなく、子どもに対する両親の感情に有意義かつ深くアプローチができるということです。

しかし、どうすれば可能なのか疑問に思うかもしれません。どうすれば治療の早期に、両親が面接者から立ち入った話を受け、親の務めを評価されるという印象を与えずに、基本的な親子関係の性質を知ることができるでしょうか。この答えは、他の優れたアセスメントの手段と同じです。生育歴を聞き取る過程は、**誰が・何を・いつ・どこで・どのように**という質問から構成されます。生育歴を聞く過程は、親自身のことを明らかにするためではなく、また責任追及にもならないことを伝えて安心してもらいます。生育歴の聴取とは無害かつ地道なもので、**誰が・何を・いつ・どこで・どのように**という事実をひたすら探ります。こうして得られたすべての情報から、「なぜ」という疑問が現れるでしょう。

生育歴の聴取を**できるだけ早く**、できれば**初回面接が終了するまでに提案**しましょう。子どもの生育歴の聴取が必要な手続きなのかと、親から疑問が示されたら、子どもを治療に連れてくる保護者全員に行うものだと説明します。また、生育歴を完成させるまでに二回くらい面接が必要であると説明します。生育歴の作成のためには、子どもが同席しない親だけの面接時のほうがうまくいくでしょう。

生育歴のために話を聞く相手はおおむね母親です。子どもの生育歴の情報を最も多くもっていると思われるからです。しかし、スーパーヴァイザーや所属機関が、両親に会うとするか、母親と一回目に会い父親と次回に会うとすれば、生育歴を聴取する質問を作り変えます。

場合によっては、母親が第一選択でないか、また選択肢にさえならないこともあります。たとえば、母親が出産後に行方知れずになっているか、身体的または精神的な理由から子育てに関与していないため生育歴を語るうえで適切でないか、虐待などの理由から、子どもの治療への関与を法的に禁止されている人もいます。こうした事情の場合は、必要な記録を作成するために、子どもの乳幼児期の記憶がある人や、親と子どもをいっしょに見ていた人に頼ります。それは父親、祖父母、養母、病院や社会福祉機関のソーシャルワーカーかもしれません。このような例外はあるものの、依然、生育歴の聴取相手の第一選択が母親であることに変わりありません。幼い子どものいる母親は、子どものいないクライエントより自分だけで予定を組むのが難しいことを心に留めます。母親が次の面接予定を簡単に立てられるとは期待せず、できるだけ柔軟な対応を心がけます。子どもや家族の治療開始までに生育歴が完成されている必要はなく、母親の都合に合わせて実施しても子どもの援助の大きな支障にはなりません。

親との単独面接の手配ができたら、次に知りたいのは「何か」「なぜか」ということです。生育歴のなかで探る基本的情報の多くは、ちょうど子どもの出生直前から五歳くらいまでの期間に焦点があてられます。それ以降の年齢の子どもに関する質問は少なくなります。

子どもの乳幼児期に焦点をあてる理由は二つあります。ひとつは、**乳幼児期の環境や養育者の影響**は、その後の子どもの発達に実質的に色濃く残る可能性が高いからです。子どもは、どの発達途上の時期であっても環境からの影響を受けますが、乳幼児期の五年間に比べれば、環境や養育者の弱さによって傷つくことはありません。

もうひとつは、何らかの問題を抱えた六歳から八歳の子どもに会うと、要因が複雑に混ざり合った反応を示すからです。たとえば、最近の出来事、気質的要因、環境の変化、そのほか多くの要因が重なり合っています。ある時期ある場所の影響が、今ここで重なって反応しているのです。生育歴は、**時間を超えた子どもの機能への影響**という視点を与えてくれるでしょう。また、今まさに観察しているものが、子どもが成熟へ向かうなかでの一時的な停滞であるのかを評価するのに役立ちます。あるいは、子どもの発達を促進する治療が求められるような、乳幼児期の情動的、身体的、気質的な不幸による帰結なのかを評価するのにも役立ちます。

生育歴を聴取するとき、章末にあるアウトラインを用意しておくとよいでしょう。ただし、これは**会話を進めるための指針を意図したもの**です。順序立てて回答させる質問事項ではないことを覚えておきましょう。実際、母親と子どもの関係は、時間があれば面接の余談から得られるので、話が流れるに任せましょう。

何人かの子どもがいる母親が、そのうち一人の幼少期を細かく思い出せないという不安を示すことがあります。このように聞き取りのはじめは、記憶が多少ぼやけていることがあります。しかし、多くの母親は、その子の生育歴で印象深い出来事は覚えているもので、母親を心配させないよう配慮します。そうすれば母親は落ち着いて、ベストを尽くせるでしょう。

面接で得た情報と同じく、親と子どもの長所・短所、適応、生来的な特性についての知識が増えるでしょう。スーパーヴァイザーと、その知識と生育歴で得た情報を幾度も繰り返し考えて解釈しましょう。章の後半では、生育歴の一般的な目的と、面接者の考えと注意を向ける枠組みに焦点をあてます。

章末にある生育歴の概説からもわかるように、子どもを授かったときに母親が気づく、子どもの**身体的・心理的発達傾向を探る**ことから始めます。母親の妊娠年齢から着目すると、その子の出生時の生物学的リスクレベルに関する最初の徴候が得られるでしょう。母親が妊娠した年齢が、一〇〜一七歳頃か、三七〜四五歳頃であれば、子どもの外見的特徴に関係なく、高い確率で何かしらの身体的リスクにさらされて産まれた可能性を疑います。養育者の目を通してみた、子どもの乳幼児期から現在までの、生涯にわたる**身体の状態の経過**をたどり、生育歴を構築します。

私たちはすでに病歴、特に小児科などのクライエントの担当医から得る情報の有用性を学んできました。そのため、子どもの身体の健康状態に関する情報を、改めて養育者から聴取することは冗長に思えるかもしれません。ですが、生育歴を通じて子どもの健康状態を探るのは、ただ事実を取得するだけでなく、子どもにとって重要な人から事実に対する**感情（想い）を教わること**にあります。親とともにさまざまな話題の経歴をたどることで、子どもに対する感情（想い）を見ていきます。

情報収集とあわせて、この女性が母親になる前の人物像を見ていきましょう。たとえば、彼女はどのような人間関係を経験したか、妊娠前と妊娠中の自分をどう見ていたか、妊娠や子どもの誕生という現実をどう受け止めたか、子どもの先天的素質への反応がどうだったか、母親と生後間もない赤ちゃんを取り巻く社会的・文化的環境はどうだったか、母親の身体的・心理的状態が子どもにどのような影響を与えたか、子どもから母親への身体的・心理的状態の影響はどうだったか、というものです。

章末の質問項目を参照すると、母親、母親と子ども、子どもの**身体的健康**（ウェルビーイング）に焦点をあてて質問が構成されていることがわかります。また、最初の一連の質問は、子どもの人生の軌跡における**愛着の深さを探る**ものになっています。最初に、両親の連帯感を探ります。たとえば、両親は知り合ってどれくらいで、妊娠は計画されていたのか。この答えは、二人が互いに何を求めていたか、二人の共同性から生まれた子どもが何を象徴しているかを暗示するでしょう。たとえば、長年にわたる不妊期間の末に生まれた子どもと、不倫や性的暴行の結果生まれた子どもとでは、通常とはかなり異なる初期の愛着感情を形成すると推察できるでしょう。

子どもを産む予定もなく望んでもいなかった親、人生にひどく傷ついて子どもをかわいがれない親、怒りや憤りから子どもに八つ当たりする親など、親の素質にも注意して進めます。

直接的質問や、赤ちゃんの睡眠習慣を尋ねるような間接的質問から、**母親自身の妊娠期間や子どもの幼少**

期の心理的状態に注目します。母子関係が母親の身体を休めたり気持ちを楽にしたりする能力に直接影響したかに注目します。たとえば、ベビーシッターについての質問から、母親が長時間、赤ちゃんといっしょにいるのが苦しいと感じているかどうかを探ることができます。育児期の母親の入院についての質問は、産後うつの議論につながるかもしれません。

また、母親の心理状態の印象を得るだけでなく、子どもの**生来的な気質**についての情報も得ることができるでしょう。出生時の赤ちゃんの哺乳パターンについての簡単な質問からも、子どもの体力に関する手がかりが得られます。赤ちゃんをいとおしく感じたか、赤ちゃんがとても早い年齢で歩いたかといった質問の答えからも、基本的な生物学的性質の手がかりが得られます。活発で落ち着かない気質をもって生まれた子どもなのか、穏やかな子どもなのかもわかります。この種の情報は、この子どもが面接に連れてこられた現在の問題と、子どもの生来的な気質が関係する可能性を問うのに役立つでしょう。

生育歴の聴取が進むにつれて、標準的な**発達指標**を問題とする質問をしましょう。これは、**標準とされる期間内に子どもが身体的課題を達成していたかどうかを調べるため**です。ただし、乳幼児期の**範囲**であることに留意します。適当とされる時期に座らない、歩かない、話さなかった場合は気に留めましょう。アセスメントにおいて重要になるのは、この赤ちゃんが何らかの課題をもつ可能性があることです。ただ、発達の遅れは親の心配が先立つもので、必ずしも診断が必要とは限りません。たとえば母親から、赤ちゃんが「なかなか話さなかった」「小さくて痩せていた」と話されるかもしれません。母親の説明が強烈か極端に聞こえたら、裏づけを得るとよいでしょう。たとえば、赤ちゃんの言葉の発達の乏しさや成長の遅れについて、母親から心配事を小児科医に相談したか尋ねてみます。相談したことがあれば、小児科医の話を思い出してもらいます。このような質問は、**子どもが乳児だった頃の事実に即した性質と、母親の想い入れを区別するの**

に役立つでしょう。

●覚えておきましょう

・生育歴を聴取することは、単に質問をすることではありません。それは親の愛着感情と子どもへの期待、子どもの生来的な気質と発達過程の手がかりを聞き取ることです。

子どもが実子か養子かはともかく、親は子どもが生まれるずっと前から、赤ちゃんに想像をめぐらせて夢想する感情を抱きます。たとえば、子どもが尊敬される仕事をする夢を思い描いたり、生まれる子どもは男の子か女の子か、背が高く育つか、クラスで一番賢い子になるかを思い描きます。あるいは、願いはもっと微妙なものかもしれません。たとえば、母親が若い頃に事故死した弟の生まれ変わりのような子どもであってほしい、母子家庭の父親があこがれたキャッチボールを楽しむ親子像を子どもに望むなどです。もしかしたら、妊娠中の母親は、父親には子どもに干渉しないでほしいと望んでいるかもしれません。あるいは、母親か父親は、子どもの分離や自立を待たずに職場復帰したいと考えているかもしれません。こうした想像もつかない考えや思いを抱いているのですが、親の思い入れに注意を払えるようになりましょう。なぜなら、両親が抱く期待と子ども本来の性格や能力の食い違いが問題となっていて、それが面接を受けに来た理由かもしれないからです。

生育歴を聴取するにつれて、身体、心理、対人関係、親と子どもの生来的な気質、成長と発達レベル、両親の期待といった各要素が、逸話を伴って混ざり合いながら、どのように親と子どもとの関係の独特な特徴を形成しているかがわかってきます。その関係が**絆の感覚**をもたらします。そしてこの絆は、子どもが経験し、次の成長段階へ移るために達成すべき重大な感情的・身体的・発達的な課題を前に、子どもを支えつづけられるものか、わかってくるでしょう。

生育歴

生育歴を聴取するときは、親との生活上の文化の違い、経済的、社会的状況に基づいて、これらの質問を調整する必要があることに留意しましょう。

1. 子どもの父親に出会ったとき、あなた（母親自身）は何歳でしたか。
2. 彼（父親）は何歳でしたか。
3. あなた方はどのように出会いましたか。
4. あなたは出会ってからどれくらいの期間で妊娠しましたか。
5. その妊娠は計画的でしたか。
6. 妊娠の前、あなたには妊娠に関する問題がありましたか。
7. あなたはそれまでに流産や中絶をしたことがありましたか。
8. あなたが妊娠して、子どもの父親の反応はどうでしたか。
9. あなたの家族の反応はどうでしたか。
10. 子どもの父親の家族の反応はどうでしたか。
11. あなたの反応はどうでしたか。
12. あなたは妊娠しているあいだ、**身体的に**どう感じていましたか。定期検診を受けましたか。何らかの合併症がありましたか。
13. 妊娠しているあいだ、**感情的に**どう感じていましたか。
14. 満期出産でしたか。
15. 妊娠中に何か薬を処方されていましたか。
16. 赤ちゃんが生まれたとき、誰があなたと病院へ行きましたか。
17. 陣痛はどのくらいの時間でしたか。
18. 陣痛中または出産中に薬が投与されましたか。
19. 出産中に何らかの合併症がありましたか。
20. 赤ちゃんはどれくらいの体重でしたか。
21. あなたはどれくらいの期間、病院に滞在していましたか。
22. あなたと赤ちゃんはいっしょに病院を退院しましたか。
23. あなたが病院を出たとき、誰といっしょに住むことにしましたか。
24. 最初の数週間、誰があなたの赤ちゃんを世話してくれましたか。

25. 誰が子どもの名前を決めましたか。誰にちなんで名づけられましたか。
26. 子どもは誰に似ていますか。
27. 授乳で育てましたか、あるいはミルクで育てましたか。どのくらいの期間ですか。赤ちゃんの乳離れはどうでしたか。
28. 赤ちゃんのお乳の吸いは良かったですか。
29. 赤ちゃんはよく食べましたか。これは今でも当てはまりますか。
30. 赤ちゃんのはじめの頃の睡眠習慣はどうでしたか。
31. あなたは、赤ちゃんを「かわいい」と感じましたか。
32. あなたは、子どもが座ったり、立ったり、歩いたり、話すのが異常に遅かったり早かったりしたと思いますか。また、誰かにそう言われましたか。
33. 子どもがトイレ・トレーニングをできたのはいつでしたか。
34. 子どものトイレ・トレーニングはどのようにしましたか。誰が行いましたか。
35. あなたは妊娠中に働いていましたか。
36. あなたは、赤ちゃんが生まれたあとに仕事に復帰しましたか。
37. あなたが何らかの理由で離れなければならなかったとき、誰が赤ちゃんの面倒をみましたか。
38. 子どもは今まで病気にかかったことがありますか。あるとしたら何歳のときですか。どのくらいの期間ですか。
39. 子どもはひどい事故に遭ったことはありますか。
40. 子どもは今まで入院したことがありますか。どのくらいの期間ですか。
41. 子どもが生まれて以降、あなたは入院したことがありますか。なぜですか。どのくらいの期間ですか。誰が子どもの面倒をみていましたか。
42. 子どもには弟か妹がいますか。彼らの誕生に対する反応はどうでしたか。
43. 子どもは今まで性について質問をしてきたことがありますか。何を質問しましたか。あなたはどう答えましたか。
44. あなたは今まで子どものマスターベーションに気づいたことがありますか。あるとすれば、そのときにあなたは子どもに何と言いましたか。
45. 子どもが学校・保育園に通った最も早い学年・級は何ですか。あなたの子どもは何歳でしたか。
46. 子どもは今まで、あなたと離れて学校に行くのに困難を感じたことがありますか。
47. 子どもは学校で、学習上の問題がありますか。
48. 子どもは学校で、行動上の問題がありますか。また家ではどうですか。

49. 誰が子どもをしつけていますか、また、どのようにしつけていますか。

50. 子どもには友だちがいますか。

51. 子どもは今まで外泊したことがありますか。

52. 家で子どもは寝室を共有していますか。誰と寝ていますか。

53. 身内または親戚のなかで、誰が子どもと最も親しいですか。

54. 子どもにとって重要な誰かが亡くなったことはありますか。どのような状況でしたか。

55. 子どもは、これまでに誰か重要な人物の人の引っ越しや、あなたと子どもの引っ越しにより、離れ離れになったことがありますか。

56. 昔、あなた（母親）と子どもの父親が結婚していたことがありましたか。今、あなたは離婚か別居をしている状態ですか。

57. 子どもが最後に父親に会ったのはいつでしたか。どのような状況で会いましたか。

第7章 カップルの初回面接をどのように実施するか

特に子どもや家族の面接をする場合、カップルの二人が相談室にいる状況は珍しいことではありません。けれども、その二人がカップルセラピーを求めているとは限らないし、その必要がないこともあります。この章では、セラピーを目的とした「カップル」を定義し、その治療の基本概念を示します。あなたとスーパーヴァイザーがカップルはいっしょに面談を受けたほうがいいと決定したときの、初回面接の方法を探求していきます。

まず二つのことが挙げられます。ひとつは、この章で示すカップルの概念とは、**親密な関係を続けている（または続けていた、そして続けたい）すべての二人組のこと**です。つまり、戸籍上の婚姻関係は問いません。男女とも限りませんし、性的関係の有無も関係ありません。人種や宗教、階級、世代さえ同じとは限りません。パートナーの選択に対する社会や家族の態度が、最終的に治療において問題になっても、セラピストは、自分たちを「カップル」だと思う二人の考えを尊重します。もうひとつは、**「カップル」がカップルのためのセラピーを求めてやってきたのかは確定していないこと**です。子どもの治療のため、二人のうちどちらか一方のため、あるいはまったく別の目的で来談したのかもしれませんし、カップル二人で面接を受ける治療に乗り気ではないかもしれません。二人のうちのどちらかの気持ちや行動がパートナー関係に影響しているか、あるいは二人の関係ゆえに治療に前向きになれないのかもしれません。その理解はセラピストの治療選択に関わってきます。

一方、面接者が気づく前に、クライエントから自分たちの関係が不幸を招いていると感じて助けを求めてくることもあります。二人のうち一方がそうした思いを強く切実にもつことは、カップルにはよくあります。結果的に面接者が二人はカップルであると想定するなら、二人のうちどちらかが初めて電話をしてきたときなどに、二人が「自主的に」助けを求めてきたクライエントなのか、カップルのうち一人がパートナーの「幸せ」を願っているのか、パートナーを失う心配から否応なく助けを求めているのか、できるだけ思いをめぐらしましょう。そうすれば、特に初回面接で、カップルが二人とも前向きに参加しているのかどうか気づくでしょう。カップルのためのセラピーを求める温度差は矛盾ではなく、面接者が考慮することです。

面接者が避けるべき先入観に、カップルが関係を続けるために助けを求めている、というものがあります。いずれその意図がわかるにしても、連絡をしてきた人が、自分か相手かその両方が関係を終えたいと感じていると、心に決めて訪れていることがあります。彼らは、面接者の必要な助けによって、納得できる公平ですっきりした関係解消の方法があると気づけるかもしれません。

●覚えておきましょう

- 必ずカップルの二人が共に関係を続けたいと願っているとは思わないでください。

高齢である、子どもが関係する、別れた後に経済的困難が予測されるといった理由でカップルを解消できない場合、セラピストは難しい立場に置かれます。そのときセラピストが「クライエントの置かれた立場から」始めなければ助けになれないことを覚えておきましょう。関係解消の哀れみ深い導き手となる気がまえがなければ、ケースを引き受けるべきではありません。

カップルに会う前に、最初の連絡時から利用できそうな情報があれば、関係のおおよその段階と、それぞれが置かれているライフステージについて考えておくべきです。たとえば、セラピーを希望する既婚カップルからの申し込みを受けたとします。妻は三二歳で、申込時に三人の子どもがいます。以前のパートナーとの子どもで、一四歳の女児と一〇歳の男児で、彼女が一八歳と二〇歳のときに産んだ子どもです。さらに、現在二六歳の夫とのあいだに六カ月の乳児がいます。

このような最低限の情報からでも、思春期終盤から青年期初期にかけての、欲求に任せた奔放な性行動だったのではないかと、思いをめぐらせられます。また、パートナーが子育てに協力的であったかどうかに関係なく、この女性は二人の赤ちゃんの育児をしてきた実績のある人と考えられるでしょう。他方で、新しく夫となった男性は、子どもの親になるという情緒的発達課題を達成するまでに、パートナーより八年も多く時間がかかったことが窺われます。

発達段階を踏む機会の違いは、相手との関係と相手への期待に重要なすれ違いをもたらすかもしれません。たとえば、妻は自分が若くして育児に忙殺された時間を取り戻すために、自分より若い男性と結婚したのかもしれません。他方で、夫が彼女を選んだのは、自分が「大人になりきれず」、助けてくれる女性を必要としていて、彼女が経験豊富で落ち着いて見えたからかもしれません。

個人の成長の問題を取り上げてみると、一般にこのような違いがみられます。それは、カップルがそれぞれ自分のことに気づく段階になるでしょう。しかし、いっしょにいたいという期待が大きく異なれば、その関係に緊張状態を引き起こす可能性があります。どのような場合でも、彼らはセラピストに助けるつもりがあるのか注目して、その判断を求めています。

また、彼らの関係の段階に対してどう考えるかを示すようにします。たとえば、先ほどのカップルは比較的最近、結婚して新しく親になったはずです。しかし、新婚から間もないにもかかわらず、結婚したその日から二人の子どもがいることになります。二人は、一人になる機会や、夫婦だけで親交を深める機会や、いろいろな人生の決断とストレスを解消する機会がもてないままかもしれません。さらに、結婚から間もなく第三子が生まれ、新しい家族が増えることは、まったく新しい経験となります。つまり、夫は初めて新生児の親という立場になるのですが、妻はすでに二度経験しています。このような関係の差異に伴う変化が混乱を招くことは、容易に想像できるでしょう。たとえば、妻はこれまで二人の子育てをしてきましたが、もう一人の子どもを授かるより、もっと自分を受け止めてほしいと願っていたかもしれません。夫は夫で、妻と子どもが欲しくて結婚を望み、夫からみて子どもを産み育てる力のある女性を選んだのかもしれません。

●自分に問いかけましょう

- カップルはそれぞれ、どのライフステージにありますか。
- その関係は、どのライフステージにありますか。
- このカップルは、一体感、管理、愛情といった問題にどのように対処していますか。

必ずしもカップルの関係が傷ついた状態にあるとは限りません。二人との面接後でも、その選択の何が役立ち、何が害であったか、当人たち以上に理解できるとは考えないようにしましょう。まず注意して考えるべきは、結婚生活に入った当時の状況が、互いの望みや期待にどう関係したのかということです。そのため、初回面接の準備でつねに念頭に置くことは、なぜ今それらが問題になっているのか、と考えることです。あらゆる可能性を考え、カップルが実際に面接室に到着したときに、家族面接を行うための原則に立ち戻ります。まず自己紹介があり、短いちょっとした会話、クライエントの座る場所や目につく身体的特徴、普通でない話し方や思考パターンなどに注目します。それから、彼らの困りごとを同定するときに、クライエントそれぞれとのジョイニングの重要性を思い出します。こうした手続きと観察の後で、彼または彼女の問題は何か、一人ずつ尋ねて実際の面接を始めます。この質問への答えがセラピストにとって役立ちます。答えを書き取り、その問題への思いを述べる人にとっての意味を探ります。また、この質問から面接を始める、別の重要な理由があります。ひとつは、この面接を、彼らが問題をそれぞれどのように理解しているか、**その見解を実際に初めてはっきり言葉にする機会とすること**です。後になって、相手がどう問題を理解しているのかわかっていたか聞いてみると、たいてい「相手がそんなふうに受け止めていたなんて知らなかった」と、驚きとともに答えます。この段階で、カップルがそれぞれの問題理解について興味や関心を示したら上出来です。もうひとつは、二人に**互いの見解を聞こうとする寛容さがあるかどうか観察するため**です。寛容さがなければ、言い分を聞くのを避けるためにどうするかを観察します。コミュニケーションには、相手や面接者の話すことに同意しない、信じない、聴くことに関心を寄せないなどがあり、さまざまなしぐさや言動を伴います。音も立てない些細なものかもしれません。たとえば、そっぽを向く、不機嫌になる、引き下がる、無反応、自分が話す番になると先に話したパートナーの発言などおかまいなしに話題を変える、ということもあります。また、言葉で横やりを入れる場合もあります。たとえば、相手の話を遮ったり、話をかぶせたり、大きな声で主張したり、面接者との会話に割り込んで話したり、あるいは言葉を使わずに横やりを入れて面接者の気を逸らしたり、といったものです。パートナーを意図的に貶める独り言を小声で話したり、もしくはカップルが面接者そっちのけで口論を始めたり、言葉や身体的暴力で相手を脅して話を中断させることもあります。身体に危害が及ぶリスクのアセスメントについては次章で扱います。

まずは**消極的かつ穏当に**問題を扱いましょう。互いに異なるカップルの意見を受け入れにくいと、セラピストは自分が役に立つことは難しいと感じます。特に初心者ならなおさらです。声を荒げたり暴力的な言葉遣いを始めたときは、介入方法を考えることがひときわ難しくなります。

こうした行動をうまく利用するためには、どう考えればいいでしょうか。目の前で繰り広げられていることを活かす最も建設的な方法は、**ホームビデオの動画を観るように観察すること**です。二人はたった今、互いに普段どのようにやりとりをしているか再現することで、面接者のアセスメントに協力しているのです。昨日か先週かそれよりずっと前に起きた不和についての、体よく上品に編集された報告を聞きたいのではありません。そうではなく、この瞬間に繰り広げられている、ありのままの関係を見たいのです。そのやりとりが修正されなければそれだけ、互いが対立をどう調整し、彼らに何が必要なのかという感触を得られるでしょう。したがって、しばらく口論を続けてもらってから、止めに入ります。そして、これがいつもの仲違いなのか尋ねます。「はい、そうです」と答える可能性が高いでしょう。事実ならば、うまく機能していない様を実演してくれた彼らに感謝しなければなりません。そして、今までその解決方法で乗り越えてきたかもしれないけれど、あまり助けになっていないようだと伝えます。それから改めてカップルとセラピストの三人のあいだでは、誰かが横入りをしなくても話ができることを保証します。少なくとも一人から話を聞いたあと、もう一人に応答を求めてあげる方法で，互いに意見を表明できることを伝えます。こうして**コミュニケーションの手順の理解を示し，指針を立てる必要**があります。

このような指針を設定する前に，強調したいのは，カップルの面接において**口論や仲違いを止めることが必ずしも前提ではない**ということです。実際，カップルの相互作用をアセスメントするとき，何らかのまっとうな対立理由に行き当たったら，いたずらに対立するのではなく，片方あるいは双方が引き下がることに気づきます。そのため**建設的な討論と非建設的な口論を見究めること**が重要です。カップルの合意や不合意が関係に有益な変化を生み出し，良い理解を生み，二人の成長につながるのか，新しい関係の段階へ進むのか，同じ問題を堂々巡りするだけなのかをアセスメントします。このアセスメントが難しくなるひとつの理由は，怒りに満ちた沈黙，ののしり，叫びに，セラピスト自身，不快感や戸惑いを覚えているからです。もしくは，個人的・文化的背景があり，不一致をできるだけ早急に和らげて抑えたい，といった理由も考えられます。自分の人生で似た感情や経験があれば，こうしたやりとりが二人にとってお決まりのもので，有益な解決法だったとしても，冷静に考えるのが難しくなります。しばらく面接者の日常を超える，大音量，不機嫌な沈黙，下品な言葉遣いを受け止めなくてはなりません。

また，彼らの片方か両方のコミュニケーションの目的が，相手を全否定することである場合，問題を捉え直すために，葛藤に対してどちらも等しく責任があることを明確にする方法を紹介します。自分の言い分を伝える主語を「あなたが」とするのではなく，**「私は」を主語にする**ようにします。こうすることで，相手がしていることより，**自分が感じている**ことに焦点をあてられます。

しかし，問題が相手への身体的暴力の脅威であるならば，迅速な介入が求められます。身体的暴力の脅威は，セラピストを困惑させる可能性があり，特にその脅しがセラピストに向けられる可能性もあります。その不安にうまく対処するための指針については、次章で議論します。ここでは、カップルの一人に向けられた脅威に注目します。

脅威が見受けられたときに非常に難しい問題が生じます。それは、脅されている側の非を不問にしてしまうか、個人の権利や他者の権利の尊重などの道徳的な価値観にすぐ当てはめてしまうことです。どちらも正しい考え方かもしれませんが、脅威を与える行動を制止する効果はありません。なぜなら、このような見方をした結果、その人に「頭ごなしに決めつけられた」という印象を与えたり、怒りの矛先がセラピストに向かう可能性があるためです。結果的にどちらの場合も、脅威を与える人が、セラピストを公平で威厳があって影響力のある面接者とは認められなくなるでしょう。

より有益な方法は、**誰かが傷つけられる危険がある場合には、セラピストとして役に立ち面接を継続することができないという限界を伝えることです**。脅す側の反応次第では、相手に我慢できない気持ちを伝える別の方法について話ができます。たとえば、面接を続けられるように振る舞いを抑制できるか、数分でも面接室の外に出て気分を切りかえたほうがよいか、穏やかに話せるように次回面接で仕切り直したほうがよいか尋ねます。そのうえで、面接を再開することができます。けれども、脅威を与える行動があるか、またはその可能性のあるカップルとの面接を実施するのか、またどのように実施するのかは、簡単ではなく、しばしば議論となります。危険行動についての所属機関の方針を調べておきましょう。それから次の面接までの、彼らが面接室に**いない**あいだに起こりそうな脅威や身体的攻撃をどう扱うか、スーパーヴァイザーと話し合います。

言い争うカップル、または一方的に主張し合うカップルとの面接を続ける場合、はじめに確立する指針は、彼らだけで問題を話し合うのではなく、**セラピストがいるときにセラピストと話し合うようにする**、というものです。そして、彼らの言い分の違いを理解して必要な基本情報を得られるように、互いに言い分を伝え終えることに合意してもらいます。すると互いにそれほど防衛的にならず、セラピストからの質問に答えられるようになります。その合意により、会話は自由に広がっていくでしょう。

構造設定が必要となるどのような初回面接でも、同じようにこのような指針が示されると、重要な目的も提示することができます。それは、セラピストが問題行動を変える術を知っていると感じさせることです。これはセラピストがすべてを知っているという意味ではありませんし、彼らが自分の姿勢を正せばセラピストが魔法のように問題を修復できるということでもありません。セラピストにできるのは、解決の明るい見通しを導くことです。繰り返される誤ったコミュニケーションでカップルがもがいているうちは、事態が好転するという希望をもちつづけるのは難しいでしょうし、希望がなければセラピーにかける労力が途方もないものに思えるでしょう。

限界設定を必要としない場合も同様に、次回面接で、カップルに良かった頃の思い出を話してもらいます。この段階では、**関係の簡単な履歴**を得るようにします。個人面接に慣れていれば、特に初回面接で二人をカップルとみなす際に、二人が**互いに関係し合っている**と気づくことが目的になります。そのような考え方に慣れていきましょう。そして、カップルの関係と現在の問題を明らかにするため、**重要な個々の特徴や個人史の情報**を書き留めます。

●パートナー両方に尋ねましょう

- どのように出会いましたか。
- 相手のどのようなところに魅かれましたか。
- 関係改善に取り組みたいと思っていますか。

まず彼らの出会った状況を尋ねましょう。過去の聴取すべてに言えることですが、この質問は多岐にわたります。たとえば、出会ったのはそれぞれ何歳のときか、最初から恋愛関係だったのか、それぞれの家族は相手の選択をどう感じたか、などです。初期の関係を語るなかで、答えから一部または全体像が現れたら上出来です。最初から意識し合う関係でなかったら質問を変え、関係が変化して互いに魅かれはじめたのはいつか、しばらく思い出話をしてもらいます。これを、前向きで意味あるつながりだったことをカップルに指摘する機会とします。関係が破綻しつつあったとしても、またその疑いがあったとしても、この機会を活かします。なぜなら、カップルが互いの関係に取り組むのであれば、二人のあいだに一度は良い時期があったと思い起こしてもらう必要があるからです。カップルが成立するにはパートナーシップという基礎が必要です。もしかしたら、セラピストの助けとカップルの努力で、パートナーとしての感情を取り戻し、関係を再構築するきっかけを取り返せるかもしれません。

この関係が本当に終わりを迎えようとしていたら、良かった頃をふたたび語ると、初期の感情は遠い昔のことで決してそこには戻れないと、二人が理解する過程が始まります。セラピストはこの過程が起こっていることに気づかないかもしれません。それでも、彼らは、長年の歴史と生活を共にした関係が本当に終わりを迎えるという実感をかすかに抱くでしょう。終焉の時に向き合い、関係の喪失を理解して悼み、受容する必要があります。そうしなければ、前を向いて出立しようとする個人の成長する力は停滞するか、永久に損なわれてしまいます。

いずれにしても、初めて出会った頃の説明を終えたら、それぞれ相手のどこに魅かれたのか把握します。しっかり漏れなく質問して、カップルそれぞれに詳細を述べてもらいます。できるだけ語られた言葉のまま答えを書き留めます。なぜなら、答えの内容から、互いに相手に何を見たいと願ったのか、それが今では落胆や不和の元になっているのか、特筆すべきことがつかめるからです。逆説的に見えますが、対立をもたらしている理由が実際は複雑ではなく、それぞれ相手に求めることにある場合もあります

カップルがすれ違わずに関係を育む唯一の推進力は、関係の初期に解決すべき三つの基本的問題とその理解にあります。

まずカップルが成立するときにパートナーが直面する第一の問題は、**同居生活に誰が含まれる予定なのか**、という問題です。たとえば、一方が相手に魅かれたのは相手にたくさん友人がいたとか、素晴らしい家族がいたとか、またはそう思わせる新しい状況があったためかもしれません。あるいは、相手にそう期待できる状況があって、自分が温かく愛する家族や気にかけてくれる友人の一人になりたいと思ったためかもしれません。ところが、ふたを開けると現実は真逆だとわかったらどうでしょう。相手の家族との関わりに二人の時間が奪われたり、相手に気がねしない友人がいるあまり、親友が数人いればいいと思う自分にはわずらわしく感じることもあります。また、相手の家族との関係が密で、介護のために舅姑と同居することになり、過干渉のあまり腹立たしくなる機会が多いと気づくこともあります。ところが、周囲の人々の温かさと親しさは、二人が本当に魅かれ合っていた当時とまったく変わらないままです。また、互いに結婚する相手かどうか見定めているあいだ、実は相手としては、周りの影響に左右されないしっかり者と思い込んで、結婚相手

に選んだかもしれません。このようにカップルが相手の価値を認めた性質の誤解が、どこから始まっているのかを見定めることは難しくありません。なぜなら、自分たちの期待がかなり異なっているからです。人生に誰がいるのか、誰がいないのか、どのような取り巻きがいるのかを知ることが基本です。その違いがカップルの関係にどう影響するのかは簡単に見定められるでしょう。

二人にはいくらか違いがあるはずですが、調和を保つための基本的質問がもうひとつあります。それは、**誰が何に対して支配権（力）をもつか**、というものです。この問題は、さまざまなことに関係し、カップルの関係に作用する大きな力です。それが何なのかを推測しましょう。それは当初の二人のあいだでは魅力だった側面で、今では関係を危機に陥れる要因となっている可能性もあります。たとえば、カップルの一人は愛情の深さを大切にしていて、もう一人は愛情には何らかの行為が必要で、形でわかることが大切だと思っている場合です。または、相手はお金に困っていないと思い込み、干渉せず互いの仕事を続ければよく、それで何も問題はないと思っています。ところが、相手の思いを確かめたパートナーは、相手があまりに傲慢だと感じて反論したり、お金のかかる話を拒否したり、事後報告で転勤のある仕事に就いたことに反発する場合もあります。

このような支配と選択決定に関わる一連の未解決問題が、カップルの現在の問題にどのような役割を果たしているのかを観察します。また、カップルの一人が進行性疾患を発症するか失業に見舞われたら、二人の支配バランスに劇的な変化が起こり、支配と選択決定を再構築する必要があるでしょう。支配と選択決定は、このように明瞭なものばかりではありません。カップル間で情動調整に微妙な問題があるとき、子どもが緩衝材として利用されているとき、どちらかに家計面や身体面で強力な支配権があるとき、問題は難しく複雑なものになります。そのため、カップルそれぞれが注目していること、それに伴う問題を聞き取ります。相手をかばい、支え、排除する対立のことも等しく説明を受けて聞き取ります。

さらに、カップルが良い成果を出すために話し合う最後の領域、**愛情のしるし**について注意深く聞きましょう。つまり、安全で、快適で、気遣われて、愛されていると感じるために、お互いに相手とどのような距離感でいる必要があるかということです。このことで、それぞれが求めるものの大きな違いが見えてくるでしょう。たとえば、カップルの一人が愛情をいつも態度で表してほしいと述べる一方で、相手のほうはいつも態度で示すように求められると息が詰まり、侵害されているようで不満を感じている、というものです。

カップルが、どのように出会い、お互いに相手のどこに魅かれたかという説明を終えたあと、時間が許すならば、**彼らの原家族の成り立ちについての簡単な歴史**を探ります。とりわけ相手に、父母や過去の重要な人物を思い起こさせる何らかの特徴があれば、特に注意を向けて、どこがパートナーと似ているのか把握します。それを記録してスーパーヴァイザーと話し合いましょう。

最後に、もう少し時間が許せば、**現在の愛情の深さ**を探るため、もう一度会う機会をもちたいと思うかもしれません。「かもしれない」と表現したのは、初回面接で取り上げるには踏み込みすぎた話題だと感じるセラピストもいるからです。他方、カップルのセラピーとして適切だから、愛情関係やセクシュアリティの話題を含めることが重要だと論じるセラピストもいます。しかし、この話題はセラピストから持ち出さない限り、決して話題に上がりません。スーパーヴァイザーとの話し合いで、この話題を扱うと決めたら、カップルの関係の変化によって愛情の質が変わったかを尋ねます。変化したとすれば、どのような面で変化したのか話題にします。たとえば、今も性交渉があるのか、セックスレスならばいつからなのか、性交渉があるならば二人ともいつも満足しているのか、満足していないならこれまでずっと満足していなかったか、などを確かめましょう。

はっきりしているのは、話題に取り上げるこれらの質問は、彼らのすれ違いに取り組もうとして、いっしょに関係を続けようとしている、という見込みの上でなされるものです。その見込みは、実は関係を維持したいというカップル相互の本心が異なっている場合があることを前提としたものです。ですから、初回面接において、**どこからどこまで**質問するかという定石は通用しません。しかし、面接を終える前に、**あえてそれぞれに、関係を改善するために取り組みつづけたいか、と直接尋ねることが重要**です。双方の返答が「はい」であれば、面接の終結に向けた日程や費用（料金）など実務の話に移ります。

どちらか一人の答えがあいまいなら、カップルがどこまでどのようにこの話題に取り組みたいのかを探ります。関係を考え抜きたいのか、話し尽くしたいのか、改めて来談したいのかを確認します。もしくは、この初回面接で精神的な支え手、子ども、弁護士、友人の次くらいにセラピストを必要としているのかを把握します。

これらの疑問が解消したら、カップルとの初回面接を終えましょう。

第8章 クライエントの他害をどのように見極めるか

前章では、カップルの一方から他方に脅威を与える脅しや破壊的行動の問題を扱いました。この章では、クライエントによる明確な自傷他害の脅威の可能性を扱います。自傷他害をどのように考え、どのように気づき、何をすべきかを探ります。クライエントが一人であるか、誰かを伴っているかに関係なく、入院先や外来の環境で会うという想定で解説を進めていきます。

クライエントが面接者も含めた誰かに脅威を与えるという発想が浮かばなくても、今の私たちのあり様について立ち止まって考え、形の上でも優先的に身を守るという目的を考えることが大切です。

セラピストは、他者のニーズに多くの精神的・身体的労力を注ぐ傾向があります。しばしば自分自身よりクライエントのニーズ、すなわちクライエントが経験する困難、人との接触、受容と安心といったニーズを優先する傾向があります。そればかりではなく、恐ろしい病いにある人、コミュニティの「はぐれ者」と見られている人、重度の精神病の人、凶悪犯罪をした人と関わるため、人から「胆が据わっている」「威厳がある」「恐れを知らない」とみなされます。残念ながらセラピスト自身が、自分がそう見られていることをすべて信じ込んでいたりします。こうした見方が批判的に聞こえるとしたらそれは誤解です。ここで意図しているのは、素晴らしい長所である他者の思いへの関心が、時にセラピストを危険にさらす場合があることに注意してもらうことです。目の前にいない誰かの危険より、自分が危険な状況にあることに気づくほうが難しい場合もあります。さらに、いつも「胆が据わっている」「威厳がある」「恐れを知らない」と見られていると信じ込み、専門職らしくない行動を取れば、健全かつ適切な危険信号を無視して、自分が危険な状況にあることに気づけないこともあります。

この章で示されている指摘が不本意でも、自分の身体的・精神的な幸福を大事にするために、できるだけ**身を守ることは、専門職らしい心得**だと気持ちを切り替えてください。臨床実践のうえでは、安全が脅やかされたら、誰かにあなたの気持ちを伝えてください。そして必要な情報や安心感やセカンド・オピニオンを求めてください。それでもなお安全でないと感じるならば、納得するまで求めてください。さらにいえば、所属機関に新しく加わったばかりなら、クライエントの危険な行動に対処し、スタッフの危険を最小限にするための手順が設けられているはずです。面接室内に通報システムがある環境もあります。危険にさらされたら他の職員に知らせる合言葉や、労働者の安全を確保する手順もあるかもしれません。これらの手順の詳細をスーパーヴァイザーに確かめてもらいましょう。疑問があれば質問して、助けが必要な場面での対処法を確認します。そして、同僚の職員が過去どのように対処したか聞きます。総じて、身を守る手順に慣れるように、あらゆる機会を利用しましょう。誰かが代わりに守ってくれるとは思わないでください。

自分の身を守る指針と手順をすべて理解したと納得したら、次に進みます。面接中、クライエントが特定の誰かを傷つけるつもりだと語った際に発生する、面接者の責任と法的義務について、知っておくことをすべて確かめます。たとえば、そのような発言があったときは誰に報告すべきか、クライエントに何を伝えることになっているか、脅かされている人に何を伝えるべきか、尋ねなければならない質問をすべて確かめます。

●覚えておきましょう

- クライエントがあなたに、特定の人物を傷つけるつもりだと語った場合、あなたにどのような法的義務があるか確かめてください。

すべて確かめ終えたら、クライエントの暴力的行動の可能性について、二つの一般原則から考えた指針をアセスメントに適用する準備が整ったことになります。原則のひとつは、**過去に暴力的だったクライエントが、必ずしもセラピストに危険で暴力的に振る舞うわけではない**ということです。そのため、セラピストに対する行動も含めたクライエントの暴力的な面をできるだけ徹底的にアセスメントする責任があります。そうしないと、クライエントを不当に恐れたり、所属機関でサービスを提供すべきではないと考えたりするようになるでしょう。もうひとつの原則は、**過去に一度も暴力行為のなかったクライエントでも、衝動コントロールが誤って脅かされ、危険水準に達する場合がある**ということです。ですから、その人の初回面接を実施するか、何らかの事情で所属機関に何年分かの情報があれば、暴力の可能性の徴候と、経歴からの徴候のいずれにも注意します。

まず、経歴からの徴候を特定するところから始めます。いつものように、クライエントに会う前に参照できる資料を利用します。過去のケース記録があれば、暴力的行動に結びつきそうな具体的な特徴を探しながら注意深く読みます。最初にみるべき特徴は、クライエントの診断です。この診断がどれだけ正確でも、クライエントが暴力行為を起こさないという保証は決してありません。どのような診断がなされたか、他の要因とあわせてケース記録を読めば、あなたに対する危険度の評価の補助になるでしょう。

診断基準には衝動性や攻撃的感情の統制に困難な障害もあるので、診断を知ることはクライエントについて事前に考える助けとなります。以前に診断されていなければ、『精神疾患の診断・統計マニュアル（DSM）』やICDの現行版や、所属機関で使用する他の診断マニュアルを確認し、クライエントの診断基準に精通するようにしましょう。

●クライエントの暴力的行動の可能性をアセスメントするときにケース記録のどこを見るか

- 基準のなかに暴力的行動や衝動的行動を含む診断
- 暴力的行動の前歴
- 物質使用歴
- 頭部の損傷
- 中枢神経系の損傷
- 他者から身体的虐待を受けた前歴
- 自殺行動の前歴
- 妄想や幻覚の前歴——特に、させられ幻覚

同時に、ケース記録に示されたことは、ほかの誰かによるクライエントの診断であることに注意します。その情報源について、診断が信頼できるもので最新のものかどうかを評価する必要があります。さらに当然、どのようなアセスメントもクライエントをひとつだけの要因に基づいて判断することはありません。クライエ

ントに与えられた診断基準に暴力的行動の可能性を含む情報があれば、クライエントに会う前に必ずスーパーヴァイザーと話し合っておきましょう。

クライエントのケース記録にある**以前の精神状態検査（MSE）に注目**します。以前に精神状態検査（MSE）が実施されていて、治療チームのメンバーと話し合う機会があれば、その話し合いによってさまざまな問題を定義・分類できるでしょう。その機会がなかったとしても、この人物の猜疑心の強さの程度、社会的関係の判断の不具合、暴力的な思考への没頭、妄想、自傷他害を強いる幻覚について示唆があるか探ります。このケースについて議論する準備ができたら、精神状態検査（MSE）に基づく事実もあわせて、スーパーヴァイザーと情報を共有します。

次にクライエントのケース記録から、生物－心理－社会的アセスメント、包括的アセスメント、診断的評価、さらにアセスメント名を問わず記録上のクライエントの評価の経歴に注目します。いつ記録されたのかにも注意します。現在のクライエントの暴力の可能性をアセスメントする際に、診断や衝動コントロール、最も重要な**以前の暴力的行動**の長期的な展望に関心を寄せるためです。この人物がその間、衝動的で予期せぬ乱暴な行動をしているかどうか注目します。たとえば、頻繁にケンカをして退学したか、司法機関に非行少年として補導されたか、いさかいのために家から放逐されたか、などです。

さらに、いさかいを始めると**どれくらい深刻な事態になるか**注意します。たとえば、凶器を使うのか、誰かを病院送りにするのか、殴って器物を破損したのか、などです。そして、**どのくらいの頻度で**暴力行動に至るか注意します。たとえば、ヤクザと口論する、ケンカに加わるなど軽犯罪で幾度となく逮捕された経歴があるのか、特定の状況でただ一人の人物のみに危害を加えたのか、その人物は誰で、どのような理由から事件となったのか、クライエントは自分のパートナーだけを殴るのか、暴力被害者とはいつも口論をしていて結果的に傷害事件に至ったのか、昨年入院するまではまったく暴力的な振る舞いはなかったのか、などに注意します。最後に、クライエントが**直近でどのような暴力を振るったのか**、他人に危害を加える行動をしたのか、負わせた怪我がどれほど深刻だったのか、どのような武器を使用したのか、武器も使用しないで相手を集中治療室送りにしたのか、言葉の脅しや悪乗りで物を壊したといった比較的軽微な行動だったのか、ということに注意します。

これらの情報から、所属機関で扱ってよい人物なのか、スーパーヴァイザーと議論できるでしょう。次に、所属機関で扱ってよいクライエントであれば、面接者の臨床経験に照らし合して適当かどうかを検討します。

さらに、こうした決定をする前に、クライエントの暴力の発生につながる可能性について、二つの事柄を探る必要があります。まず、クライエントの**物質乱用歴**に注意します。その経歴があれば、クライエントが物質乱用をしていない期間もわかります。ただ、現在は薬物から遠ざけられた監視状況にあるから、物質を使用していないとか、禁断症状に苦しんでいないとは考えないようにしましょう。物質使用の可能性があれば、現在の物質使用状況、麻薬吸引、薬物注射、サプリメント、正規の薬物、酩酊を引き起こす物質などの禁断症状は、どれも攻撃的で予期せぬ行動と密接に関係します。次に、クライエントの**既往歴**に注意しましょう。**頭部損傷の診断や徴候**が見られるでしょうか。たとえば、これまで持続性の頭痛を訴えたことがあるのか、脳卒中や脳腫瘍があったのか、アルツハイマー型認知症、発作、その他神経系の損傷を起こす感染や毒性物質への暴露経験といった、中枢神経系に何らかの負担を被った過去があるのか、既往歴に**身体的虐待**や**ネグレクト**などがあるのか、ごく幼い年齢時の傷、四肢の骨折が入院時に説明されているのか、あるいは誰かが起こした「事故」に巻き込まれた過去があるのか、などに注意しましょう。

過去の身体的虐待やネグレクトの問題は、既往歴から推定できるかもしれない唯一のもので、アセスメントをすることが重要です。クライエントの暴力的行動の要因として、明白で継続的な自傷行為を引き起こしているかどうかを示唆するからです。また、クライエントがどのように葛藤を解決させるのか、尊重されるためにどう行動するのか、クライエントの関係の質や目的に関する深い示唆が得られる可能性、これらの理解から暗示されるものが暴力的行動の要因となっている可能性があります。

また、既往歴で吟味すべき情報から**自殺行動を示唆するもの**に注意します。既往歴に自殺行動の記載がなくても、既往歴にある「事故」のいくつかが実際の自殺行動との関連を推測させないか、怪我や入院の理由が十分に説明されていないか、非理論的でないか、自分を傷つける意図を示す不規則な行動傾向が見られるか。疑わしければ書き出してスーパーヴァイザーと話し合います。自殺未遂は時に衝動的で無計画な行動であることを心に留めましょう。同じように他者への攻撃の可能性を予測する因子としても、しっかり考慮しましょう。

クライエントとの面接に先立ち、これらをすべてを確かめたら、豊富な情報が手に入り、スーパーヴァイザーと継続面接の是非を決定できるでしょう。クライエントへの面接の実施を、どこで、どのように、どのような環境とするか話し合います。

しかし、得られた情報はすべて推測に基づくものであり、どれも真実ではないことがあります。アセスメント記録があること、所属機関に一筋縄では行かない未知のクライエントに注意を向けられる待合室があること、事前に方針を話し合えるスーパーヴァイザーがいることが前提です。どれも望めないかもしれません。ですから、望ましくない環境でクライエントに会い、差し迫る暴力的行動の危険を予測するアセスメントの方法を知り、理に適った確信がもてる方法を探ります。このような予測的アセスメントは、面接者を適度に用心深く、そして落ち着かせてくれるものです。たとえクライエントが危害を与えるかもしれないと語っても、助けを必要とする一人の人間として対応できるように計画されているからです。そのためこの章の後半では、架空事例をもとに、アセスメントを進めるステップを追ってみましょう。ある日、受付係かほかの誰かがあなたを呼んで、予備情報もないクライエントが訪ねてきたと告げたとします。このとき、あなたのほかに誰も時間のある人はいません。その人物が少しも情報を明かさなければ、まず受付係に、その人がどう見えるか質問します。答えが「待合室のなかを行ったり来たりしています」「物を投げつけてきそうです」「変だ」「神経質っぽい」「騒がしい」「寂しそう」「気味が悪い」「ぶらぶらしています」といったものだとします。そのときは、次の八つの方法を確認し、待合室へ出る前に懸念があれば誰かに伝えるべきかを決めます。

●クライエントから傷つけられるのを防ぐ八つの方法

1. 所属機関が定める安全の手順を把握します。
2. 新規のクライエントの場合、ベテランスタッフがオフィスにいるときに予約を取ります。
3. もしまったく予約をしていないなら、受付係にその人がどのように見え、待合室でどのように振る舞っているか尋ねてください。
4. 懸念されるクライエントに近づくときは、つねに距離を取ってください。
5. 面接中は、ずっとあなたの両手が見えるようにしてください。
6. 不意に動かないでください。
7. クライエントの退路や、あなたの出口をふさぐ場所には立ったり座ったりしないでください。
8. 挑発的な発言はしないでください。

いったんそのクライエントと会うことに決めたら、待合室に歩みを進め、自分で**観察**しましょう。クライエントは、床を見つめたり空を見つめたりして、明らかに周りに気づいていない様子なのか、何かに駆り立てられるように興奮して行き来したり、誰かに話しかけているのか、息遣いが粗かったり人を脅すような発言をしているのか、何らかの武器を所持している様子なのか。これらはすべて、クライエントに近づくかどうか、近づくならどの程度の注意を要するかを決める徴候になります。

クライエントに接近すると決めたら、**穏やかで傷つけない印象を与える**ようにします。リラックスした足取りで、両手を楽にして、クライエントに向かっていきます。クライエントを怖がらせないように距離を取って近づき、あなたの姿がはっきり見えるようにします。クライエントと話すあいだは、自分の手がクライエントから見えるようにします。

近づきながら改めて**手がかりを観察**します。クライエントの目は血走ったりよどんだりしていて物質使用をうかがわせるか、しきりに危険が部屋をじっと見ているか、服装が乱れ、だらしなく見え、不潔で臭うか、などを観察します。観察しながら三つのことに留意しながら、クライエントに礼儀正しく話しかけます。ひとつに、クライエントの体に触れない程度に離れることです。次に、クライエントがあなたに向かってきたら、簡単に避けたり後退できる位置に立つことです。最後に、クライエントの退路をふさがないところに立つことです。

クライエントに話しかけるときは、ほかの人と同じように**敬意をもって、穏やかに、安心してもらえるように話し**ます。また、クライエントと話すときは、言動が制御できないと感じさせる懸念や、それを示唆するものがあるかどうか注意します。その可能性があれば、ほかの人からも二人が見える待合室の場所に立ち、初回面接の各段階を実施します。その場所では、クライエントの話がほかの人に漏れないところにします。疑わしいクライエントとの初回面接であれば、自分の安全が脅かされる可能性の予感があるでしょう。このクライエントを面接室に入れないという決定以前に、自分だけでそう判断することができないと思っていたわけです。

調整次第では、自分より経験豊富な臨床家の助けを借りて、その面接を観察できるでしょう。それが自分のスーパーヴァイザーであれば理想的ですが、それができなければ他のベテランスタッフに加わってもらい、自分の懸念と対応の仕方を観察するとよいでしょう。そうすれば、ふたたび似た状況になったときの面接方法に、自信と確信がもてるでしょう。

以上が、暴力の可能性のあるクライエントに上手く対処する方法です。つまり、クライエントのケース記録を読んで事前に準備できる選択肢と、面接室外でクライエントを観察してアセスメントする場合の方法です。このような両方の機会を経験することが理想ですが、できれば危険が予想されるクライエントとは面接室にいないほうがよいでしょう。やむを得ない場合は、面接室の扉を開けたままにしておくか、扉を開けるときにクライエントの横を通らないようにするか、机やテーブルを二人のあいだに置いて座ることで、危険を最小限にできるでしょう。さらに、大きくて重くて投げたら危険な物を面接室に置かないようにします。

そのほかに、さまざまな言葉や働きかけにより、クライエントを落ち着かせ、面談を安全に行うことができる方法をスーパーヴァイザーと話し合います。たとえば、クライエントが興奮したり不快に感じたりしているときは、いつでもそこから立ち去ってよいと伝えるか、怒りや不快感を抱く話題は無理して話す必要がないと保障するか、何らかの理由から話を拒んで怒りや苛立ちを見せれば面接を中断して再来談してもらうなどです。また、クライエントから面接を終えたいとほのめかしたり、面接を再開したり、面接を中断したりしたら、徴候の有無に関係なく、意向に従いましょう。その後、クライエントの次回面談を計画する前に、スーパーヴァイザーとこのような行動への対処法を話し合います。

ここで推奨していることはすべて、二つの重要なことを前提にしています。ひとつは、クライエントについて多くのことがわかっていて、チームが臨床的にも支持されると判断したことでない限り、**最初からクライエントに対して決めつけて、直接的で強い断罪の言葉を用いる方略は、危険で推奨できない**ということです。それは、望んでいるような結果には決してなりません。もうひとつ、クライエントについて多くのことがわかっていても、さまざまな面接で用いる手段で**つねにアセスメントすること**が推奨されます。クライエントの暴力的行動の可能性のアセスメント結果や、面接者の感覚によって、自分を含む誰かに差し迫った危険がありそうなら、真っ先に自分に当てはめて行動します。

最後に重要なのは、暴力の危険にどれくらい寛容でいられるのか、自分の限界を考え、適切なときにスーパーヴァイザーと話し合うことです。そのときには、二つの基本的な現実を受け止めます。ひとつは、自分でしっかり用意して臨んだとしても、**クライエントが苛立つ場合はある**ということです。もうひとつは、面接者が時間をかけて経験を積めば、**自分の感情や怖れをもっと認められるようになる**ということです。これらを通じて、自分の安心安全を適切に守るタイミングと方法がわかるようになるはずです。

第9章 クライエントの自傷行為をどのように見極めるか

前章では、状況によって支援者自身が危険から身を守ることを論じました。続いて、切実な願いを込めて、自らの命を絶たないよう止めるというテーマを扱います。

しかし、自殺は日々起こっていることが知られています。毎日のように亡くなる人々のなかには、私たちの知人、友人、親戚ばかりではなく、クライエント自身、その知人、友人、親戚もいるかもしれません。私たちが関心を寄せて気にかけている人、助けたいと願う人がどこかで絶望し、希望を失い、心が荒れて命を絶とうとしているかもしれません。私たちの知っている人が自殺しようとしていたら、そのときセラピストは何から考えはじめればよいのでしょうか。自殺念慮について建設的に考えるには何から始めるべきでしょうか。自殺という悲劇的な結末を防ぐために、どのようなことができるのか、また現実的にどうアセスメントするのかを探ります。

最初に、否定しようのない悲しい真実を受け入れる必要があります。乳児や自分で何かを行う能力を失った大人を除けば、本当に人生を終わらせたいと思えば、誰でも自殺の方法を見つけることができるでしょう。

それを変えたいと願い、変えようと挑み、変えてきたと自負しても、成功しないかもしれないという現実があるのです。

そのうえで、自分の人生には価値がない、自分の生き死にを誰も気にとめない、自殺以外に解決法が見つからないという、クライエントの思いを大きく変えるために、**できること、すべきこと、身につけること**は大いにあると知りましょう。この章の目的は、そのようなクライエントの心情を認め、しっかりと向き合い、できる限り人として守るようにすることです。

この章では、子どもと大人の自殺願望や自殺行動をどうアセスメントして対応するかを検討します。子どもであっても、悲しみ、失望、怒り、恐怖に打ちのめされ、自殺という考えに至るという研究報告が役に立つでしょう。アメリカにおける、子どもから大人まで年代順の自殺傾向を例に挙げます。

四歳の幼い子どもが計画的に自殺した例もありますが、一般に一二歳以下の計画的自殺は稀です。思春期になると、女子の場合は自殺を「**試みる**（**企図、未遂**）」傾向が現れます。男子の場合は自殺を「**達成する**（**既遂**）」傾向があります。

最も**自殺未遂**が多くみられるのは、**三〇歳以下の女性**です。これ以降は、自殺未遂の発生率も減っていきます。一般に女性は、錠剤の過剰摂取やリストカットなど、確実に死に至るとは限らない方法を用いる傾向があります。

自殺既遂が最も多くみられるのが、**四五歳以上の男性**です。そのリスク要因は増えつづけ、特に白人男性の場合、六五歳を過ぎてからの自殺が最も多くなっています。さらに男性は銃、首吊り、飛び降り自殺などの確実な方法を用います。

以上は、リスクが認められる年代層の統計からわかる基本傾向です。他の統計と同じように実証済で、比較的信頼できると考えられています。ただしセラピストは、社会に浸透している自殺にまつわる強い**俗説**を注意深く意識しましょう。俗説のうち二つは真実ではないことが繰り返し証明されていますが、俗説を信じるセラピストもいて、致命的な失敗になりかねません。

第一の誤った俗説は、**自殺しようと考えている人は誰にも打ち明けない**、というものです。

実際、命を絶つ人の多くは通常、複数の人に、最期の数週間から数カ月のあいだに何らかの意思表示をしています。その意思表示は言葉によるものですが、冗談めかしたものだったり真剣なものだったりします。たとえば「死ねたらいいのに……」「自殺するかもしれない」「死ぬってどんな感じだろう」といった、明らかに自殺をほのめかす言葉かもしれません。あるいはもっと間接的に、「とても疲れたから何年か眠りたい」「もう何にも興味をもてない」「試験に落ちてもどうでもよい」といった、将来や幸福に対する落胆、失望、興味の喪失を示す表現が用いられます。または、怒りや仕返しの願いを込めて誰かを失望させたり、愛情ゆえに誰かを脅したり、恥をかかせた人への仕返しのために「これ見よがしに死んでやる……」などと言うかもしれません。ほかにも、自殺を考えていることや、生きるのに興味を見失っていることを示すような、言語以外の方法も多くあります。たとえば、食事を食べなくなったり、財産を手放したり、電話がつながらなくなったり、薬物を使いはじめたり、身体症状で病院へ行くなどです。最後に、見過ごせない自殺企図を示す深刻な方法があります。それは、日常の延長上にあって致命的な危険に至らない自殺企図です。その目的は、他人の反応を試したり、後先を考えずに「実行する」といったものです。どちらも確実に自殺企図の不吉な前兆とされるものです。

これらの事実は、自殺する人の多くは何も警告せずに実行するという俗説が、まったく真実ではないことを示す例です。クライエントが自殺を考えていたら、何らかの自殺の徴候が認められるでしょう。その徴候がわかれば、クライエントにいつ・どのように自殺しようと考えているか尋ねたり、自殺について話すこともでき、自殺を止めるための安心材料となるでしょう。

これは、**自殺について話すと、かえって自殺をしようとする考えが強くなって自殺に至る**、という第二の誤った俗説と関わります。

実際には、**自殺について話すことが自殺を引き起こすわけではありません**。自殺を考えている人と自殺について話さないことこそ、致命的な過ちを起こすのです。しかし私たちの多くは、いつ・どのように自殺の話題を切り出せばよいのか、何を言えばよいのか、何を尋ねれば助けになるのかを知る必要があります。したがって最初に、クライエントが自殺を考えているかもしれないと思い、実際にクライエントがどのような状態にあるのかを知るために、いつ・どのように話題を切り出すかを考えます。特に最初のうちは迷うでしょう。手始めに、**診断と診断基準**を調べ、手許にある**クライエントの記録**に目を通します。子どもでも大人でも、激しい感情の傾向が認められる場合には、衝動性、判断力の乏しさ、反社会的かつ自滅的傾向を含む診断がなされています。これらを示唆するものが何もなければ、さらに、抑うつや強い不安を示す診断結果に注目します。また診断で危惧される基準が示されていないからといって、クライエントが自分を傷つけようと考えたり、それを計画している可能性がないという理由には決してなりません。

次は、前もって書いてもらった問診票の記述から、自殺念慮を抱いた当時に注意を向けて、**精神状態検査（MSE）**に移ります。ここで、クライエントが自分を傷つけようと考えたことを、前もって誰かに伝えたのかがわかります。さらに、精神状態検査（ＭＳＥ）を**聴取した時点でのクライエントの気分、かつて囚われていた思考**に注目します。検査実施時点で、クライエントが当時抱いていたみじめで非現実的な考えに今でも留まりつづけているかをアセスメントできます。また、妄想、離人感、幻覚、特にクライエントに自傷他害を命じる命令幻覚などの既往がないか注意しましょう。

●覚えておきましょう

・自殺しようと考えている人は誰にも打ち明けないという考えは、誤った俗説です。
・クライエントと自殺企図について話せば、自殺の可能性は**低減**します。

次に、必要不可欠な三つの注意点を探りながら、記録にある個人史に注意を向けます。注意点のひとつは、クライエントが**物質使用者であるかどうか**を確かめることです。前章で述べたように、アルコールや薬物は、使用していなければ起こしそうもない行動をもたらすからです。アルコールや薬物を使用すると、論理的に考え、安定して動き、自分や誰かを守る能力など、生理学的・心理学的な働きを「脱抑制」させます。アメリカでは、自殺とわかる死因の半数にアルコールや薬物が関与しており、なかでも思春期の自殺には顕著に関わっていることがわかっています。

次の注意点は、**クライエントの家族に自殺や自殺未遂があったことを示す記録の有無**を確かめることです。クライエントの家族にとって自殺が問題解決の手段となっているのか、治療の苦しみや精神的困難から解放される手段として自殺が選択されたことがあるのか。理由を問わず、以前に家族が自殺していれば、クライエントの自殺の危険は高いと考えられます。

最後の注意点は、**クライエントの自殺未遂歴**です。将来起こりうる自殺企図の最も信用できる徴候は、過去の自殺企図です。クライエントが過去一年以内に自殺未遂をしていたら、命を落とす試みを実行するリスクは予測される限り最高に達します。

自殺未遂歴のあるクライエントに会うのは腰が引けるでしょう。しかしスーパーヴァイザーと話し合っておくと良い機会になります。なぜなら、自殺に関する私的経験を探ることや、自殺の危険があるクライエントと関わることで生じそうな自分の感情を検討することは、重要で役に立つからです。

助けを求めてくる人の多くは、問題を抱えているものの、解決の方法や耐える方法を見つけられずにいると認識することが大切です。実習期間中も含むキャリアのなかで、自殺未遂の情報や記録の有無に関係なく、そのようなクライエントを担当することがあります。ある時点で、男性か女性か、大人か子どもか、自殺を考えたり企てたりしている可能性をアセスメントする必要性に気づくでしょう。そのためにも、まず必要なのは、クライエントの自殺念慮や自殺行為についてすかさず話すのに慣れることです。自殺の可能性のあるクライエントに対応するために、所属機関にどのような手順があるのか確認します。たとえば、自殺の可能性があったら誰に伝えるのか、どこに連絡をするのか、同僚に相談する必要があるときクライエントにどこで待機してもらうのか、他の職員はどのように対応してきたか、確認しましょう。

次に、**どのような法律上の義務があるか**確認します。たとえば、クライエントが真剣に自殺を計画していると誰かが知らせてきたとき、守秘義務の規則のうちどれを適用するか、いつ誰に知らせるか、面接中にどのような注意が必要か、面談後はどこに記入するか、どの機関・組織への報告が求められるか、どのようなフォローアップが必要か、といったものです。

できるだけ多く実用的な情報を得るようにします。なぜなら実用的な情報は、あなたが担当しているクライエントは自殺を考えていないという見解への、非常に有効な反証となるからです。クライエントの噂に関係なく、実際に**対面したとき自殺の徴候を感じたら**、**必ず自分の直感に従います**。そして、クライエントには自殺の考えがあるか、現在もそう考えているかを、焦らず確実に探りましょう。

●覚えておきましょう

・クライエントが自殺を考えていると語った場合、法的責任があるかを確認しなければなりません。

「**焦らず確実に**」という言葉を心にとめましょう。落ち着いて穏やかに、二つの重大なことを意識しながら質問をします。ひとつは、自殺を考えている人は、誰かが気にとめて話してくれると安心してうれしく思う、ということです。もうひとつは、自殺について考える人は多いけれど、多くは死を望んでおらず、実際に踏みとどまっているということです。

それでもクライエントが穏やかではない感情を抱いているときは、何から始めればよいでしょうか。「気分はどうですか？」「最近調子はいかがですか？」と質問しましょう。質問によって聞き出すものは、**クライエントの落胆、失望、絶望**についてです。たとえば、クライエントからくわしく聞けば、生活上の耐えがたいことを感情に表している、行き詰まりを感じている、いっしょにいた人を失って思いわずらい、孤独を感じ、将来を思い描くことができない、といったことが語られるでしょう。このような感情は子どもより大人のほうが表明しやすいものです。特に九〜一〇歳以下の子どもの場合、彼らがどう感じているのか、どれくらい深刻に感じているのか表現する手助けをする必要があります。子どもの自殺念慮や失望の可能性をアセスメントするときは、つねに子どもの感情を推し量るために質問を工夫します。たとえば「今日はいつもよりうれしかった？　いつもより悲しかった？　どっちかな？」「泣いてしまうくらい悲しいの？」「昼も夜も泣いているの？」「ひとりのときに泣きたくなるの？　誰かといるときに泣くの？」といったものです。この方法は、怒りの感情、最近亡くなるか不在となった大切な人を恋しく思う感情、悪いことをしたときの感情に対しても使えます。

クライエントの気分に余裕が出てきたと感じたら、**気分が悪いと感じるときと、自傷しようとするときの思考の結びつき**を探ります。一般に私たちが期待するのは、自殺企図を打ち消す答えです。たとえば「まさか」「冗談でしょう?」「とても怖くてできません」「子どものためにも絶対できません」「いいえ」といった明瞭な答えです。しかし、こうした心配する必要のない答えを望んだとしても、いつかは誰かが「はい」と答えます。そのような場面を想定し、頭のなかで何度も練習して、同僚と話し合いを重ねても、いざそのときになると恐れを感じるでしょう。はじめのうちは、事前に練習を重ねてきたにもかかわらず、自殺についてクライエントと話すよりも、クライエントが自殺の考えから離れるように説得したいという誘惑に駆られるでしょう。たとえば、「そんなふうに考えるべきではありません」「バカなことはしないで、素晴らしいところがたくさんあるのですから」など、いろんなことを話題にして説得したくなる自分に気づくでしょう。クライエントが若いほど将来を案じ、説得したい衝動に駆られても、それを抑えなければなりません。そのためにも、一度ならず自殺を考える人の多くが踏みとどまっているという事実を思い出します。また、クライエントが自殺を考えていると認めたら、そのときこそ**情報を探り、自殺しか選択肢がないという発想を取り除く使命が自分にはある**、ということを思い出します。クライエントと面接者の幸福（ウェルビーイング）のために、面接中はいつ自殺の話題が出てきても実践します。クライエントから自殺が語られたら、面接後にいかなる予定があっても必要な手立てをすべて講じます。そして、**自殺を試みる差し迫った危険がないと納得できるまで、決して家に帰らせない**ようにしましょう。

これまで自殺を考えたことがあるかどうかを尋ね、答えが「はい」「ある」だった場合は、どうすればよいでしょう。自殺念慮（希死念慮）が明らかになったら、二つのことが求められます。ひとつは、それが記録されていなければ、できるだけ**注意して記録を取る**ことです。もうひとつは、ひとたび自殺念慮が確認されたら、その**思考の内容を知る必要がある**ということです。そのためクライエントに「自殺を考えるときは、どのように実行するところを想像しますか」と質問します。「わかりません。そこまで真剣になったことはないので」から「ビルの屋上から飛び降ります」、また自殺を迫る特異な思考状態がうかがえるものまで、回答はさまざまです。

●覚えておきましょう

- 自殺を考えている多くの人は、実際に死にたいとは思っていない〔訳注――できれば死にたくない、という思いがある〕。

あるいは、「本当に自殺しようとしているわけではありません」「冗談でした」のように話題を変えようとしたり、話題の深刻さを最小限に抑えようとするような応答もあります。最適かどうかは別として、この時点で面接者は、クライエントが無事でいてほしいという願いを込め、自殺の意思が本心ではないという発言を聞いて安堵したことを伝えます。

これは強い働きかけとなり、そこには二つの目的があります。ひとつは、クライエントが何歳でも、内心では真剣に命を絶とうと考えていても、誰かが心配して気にかけて安心させることです。もうひとつは、クライエントの感じたことや自殺を含む考えを真摯に受け止めることです。

クライエントの安全を確保するために、質問を続ける必要があります。次に、最後に自分を傷つけようと考えたのは**いつだったのかを把握します**。「今朝です」という答えは「パートナーと別れた二年前です」という答えより明らかに深刻です。どちらの場合でも、そのような考えが**どのくらいの頻度で**起きるか、あるいは起こったかという情報を確認します。たとえば、クライエントの返事が「今朝」であれば、昨日も抱いたのか、何度くらいだったのか、昨日も自殺を考えたとすれば、何時頃からだったのか、以前よりも頻度は増減したのかを確認します。また自殺を考えるのはほんの一瞬なのか、生活を妨げるほど**強い**のかを確認しましょう。

クライエントの自殺への印象を確かめるときには、自分を傷つける考えを抱いているあいだ、**どのくらいはかない気持ちになるのか**を明らかにする必要があります。自分を傷つける考えを抱くと、どう感じるかを尋ねます。「死ぬほど怖くなりました」「本当に取り乱しました」という答えなら心配は和らぎます。しかしその答えが、クライエントの心を落ち着かせ、死が問題をすべて解決する方法で、愛する故人との再会を望むものだとしたら、危険が差し迫った状態といえます。

ただし、子どもの場合は異なります。ごく幼い子どもであれば、さらに大きく異なります。七〜八歳以下の子どもは、死ぬことが実際どういうものかわからず、死が最適の考えだと思うかもしれません。たとえば、死んだおじいちゃんに会えるなら自分も死にたいと話していたら、死んだら本当に会えると思っているのかを聞いてみる必要があります。つまり、「死んだら外で遊べなくなるけどいいの?」「おじいちゃんのところへ行けば、家に帰ることができなくなるよ」「死んだら命がなくなって、体が動かなくなって、お父さんやお母さんと離れることになるけど、それはわかってる?」と、**子どもがきちんと理解しているかどうか**尋ねます。理解できていないようであれば、子どもの死にたいという望みは非常に深刻だと確信できます。

クライエントが死という考えをどれくらい明確に理解しているか、その考えがいかに理想的に思えているかを検証したら、次に、**クライエントが今まで自殺をしようとしたことがあるか**、ということに注意を向けます。実行したことがあれば、クライエントが説明しているあいだ、どのように行ったのかを想像します。最近の自殺は、正常な判断や、死にたくないという気持ちがあったから達成されなかったのか、致死量を誤ったのか、予期せぬ救助者が現れたのか、自殺を遂げるうえでの見落としがあったのか、自殺を妨げる要因がなければ今頃は死んでいたのかと自問します。

クライエントの自殺未遂がいつのことであっても、この時点で差し迫った危険があるかどうかを判断する**セカンド・オピニオンが必要**になります。セカンド・オピニオンが必要だと考えたら、自殺の話題を自分だけで検証しなければならないのか、専門知識のある人や経験者の助力を求めてはならない決まりがあるのか、問い直します。助けを得る理由は二つあります。ひとつは、クライエントがひとたび自分の内面を打ち明けはじめたら、ほかの人以上に**詳細な共有が求められる**からです。実際には、次回以降の面談で、クライエントが自分を傷つける考えを否定するかもしれません。そこで、他の相談員やチームと明確で詳細な情報を共有できていれば、もっと安全で必要な水準のケアが受けられる可能性も高まります。もうひとつは、面接者の働く環境とクライエントの危険度によっては、**レベルに合わせたケアが必要となる**からです。たとえば、スーパーヴァイザーに面接に加ってもらう、精神科医との面談を手配する、地元の救急処置室に連絡してクライエントを連れていく、家族が迎えに来るまでいっしょに待機する、などです。また、クライエントを病院へ連れて行くために警察に連絡する必要があったり、措置入院のために精神科医チームに必要な情報提示を求められるかもしれません。そのため面談の徹底は、良い実践になるだけでなく、**クライエントの安全と権利を守るためにも重要**なのです。

しかし、情報共有は臨床家でも不安を感じる場合があります。特にクライエントが初めて関わる臨床家が自分で、自分たちだけの信頼関係内に留めておけない情報が語られれば、面談の継続に不安を感じるでしょう。クライエントの話題が秘密にできないものだとわかると、情報収集のために踏み込んだ質問をすることは卑劣で、狡猾にクライエントを利用しているように感じるからです。

●クライエントが自殺を考えていると伝えてきたときに、尋ねて明らかにすべき六つのこと

1. クライエントが最後に自殺を考えたのは、**いつ**ですか。
2. **どれくらいの頻度**で、クライエントは自殺を考えますか。
3. それらを考えるとクライエントは**どれくらい**穏やかになりそうですか。
4. クライエントは、**これまでに**自殺を試みたことはありますか。
5. **現在**、クライエントに自殺をする計画はありますか。
6. クライエントが計画を実行することはできますか。

自殺を表明しているクライエントの話を聞く段階に至ったら、二つの原則が役に立つでしょう。ひとつは、**自殺の思いや考えや計画を話す人は、誰でもほぼ確実に実行する危険がある**、ということです。クライエントは自殺せずに済むよう助けてもらいたくて話しているからです。もうひとつは、クライエントが本当に自分を傷つけたいと考えていたら、一人の命が危機にさらされているわけですから、必ず**クライエントを守る行動**をしなければならないということです。

過去の自殺未遂を確認したら、このクライエントが**現在も自殺する計画があるのか**ということに注意を向けます。「ビルの屋上から飛び降りたい」といった思いを語ったら、その発言を深く掘り下げて、ここ最近、ビルの屋上に行ったことがあるか尋ねます。あるいは、クライエントが子どもなら、一人で屋上まで上がれそうかどうか尋ねます。

クライエントが自殺をほのめかす発言を過去にしていなければ、**「自殺するつもりだとして、どのように実行しますか」**と、直接的でシンプルな質問をしてみましょう。できれば「今のところ自殺する計画はない」という漠然とした答えを望みたくなりますが、「大量服薬します」「銃で自分を撃ちます」「窓から飛び降ります」と答えたら、**手段の確保の仕方**についてきわめて慎重にアセスメントを進める必要があります。このように話題にすることで、事前に自殺の計画を確定できるようになります。「大量服薬します」と言われたら、どのような種類の薬を飲むのか尋ねられます。「思いつきません」「わからないけれどアスピリンかも」と言うかもしれません。だとすれば「覚醒剤を一瓶しまってあります」「母が死んだときに使った薬の残りをすべてしまってあります」といった答えとは意味が大きく異なります。後者の例では明らかに命を絶つ可能性があると推測できます。致死性のある凶器を触ったことのある人にも当てはまります。たとえば、父親の机の引き出しの一番上に大きなナイフがあると知っている少年や、凶器を買ったと話す人などです。

特に子どものクライエントの場合、事前に計画があったとしても、**より衝動的な自殺に注意を向けて**探ります。たとえば、窓から飛び降りると伝えてきたら、どこの窓から飛び降りるつもりか聞き出します。「学校の階段にある窓から」と答えたら、これまで開いている窓の近くまで行ったことがあるのか、人目につかず窓際まで行く時間があるのか、これまで窓枠に登ったことがあるのか、などをはっきりさせます。

この時点で、クライエントが危険なことをしそうだと、誰かに情報を伝える必要性の判断ができているでしょう。しかし、情報共有の前に、特に子どもに関して入手しておきたい情報がひとつあります。それぞれに適した聞き方がありますが、クライエントが**この時点で自殺したいと思った理由**を尋ねます。たとえば、自殺を遂げたら何が起こると思うか尋ねてみます。そこから、クライエントが今どのような葛藤をもち、それに追い詰められているのか、理解が進む答えが聞けるでしょう。たとえば「ママは昨日、私を叩いたことを悲しむに違いない」「本当に死ぬつもりだけど、みんなを怖がらせてやりたい」「前の夫が残した借金返済の心配がなくなる」「元彼に後悔させて、私のことを忘れないようにしてやる」「妹が家に戻ったとき、死んだ私を見てどう思うだろう」などです。

次に、何を措いても**自分を傷つけないという確約をクライエントから引き出し**ます。同時に、どのような回答であっても、クライエントの意見に対して、最悪の気分にさせた問題には解決方法があると伝えます。初心者であれば、ここでセカンド・オピニオンを求めるということを見落とす場合があります。このようなときに所属機関ではどのような手順を取るのか、治療チームメンバーと事前に議論しておきます。思い立ったが吉日、というわけです。

しかし残念ながらクライエントが自分を傷つけそうかをアセスメントすることは、それほど単純ではありません。かなり深刻な計画を立てている人、ひどい抑うつ状態の人、絶望している人は、何も伝えてこないのがほとんどです。誰にも何も話す価値さえないという絶望に達し、怒りや恐怖を感じていると察したら、一度退きましょう。あるいは、自殺を覚悟した人が見せる真逆の心情が日に止まるかもしれません。たとえば、最近まで落ち込んでいた人がついに命を断つ決断をした途端、平静な様子や平穏な気持ち、また上機嫌に見えたりもします。その疑念の根拠が単なる予感だけだったとしても、セカンド・オピニオンが必要でしょう。

ここまで説明してきたことをすべて終えたら、素晴らしい開放感と達成感を味わえるはずです。これまで話題としてきたことを習得した暁には、クライエントが命を絶とうと考えたり、その準備をする可能性を示したときに、持てるすべての資源、洞察力、勇気を活用できるようになっているでしょう。しかし同時に自分の限界も認めなければなりません。クライエントが死を望めば、最善の努力をしたとしても、死ぬ方法を見つけてしまうものです。ですから、命を守る責任や自分で命を絶つことへの責任は、最終的にクライエント自身にあることを、心しておきましょう。

クライエントの自殺リスクアセスメント

このリストは、**毎回**の面接で行うべき質問から始まります。回答が「はい」であれば、クライエントに自殺念慮や自殺企図があるかどうかを探るフォローアップを行いましょう。

あなたへの質問

1. クライエントは、統計的に自殺の高リスク群にありますか。
2. クライエントは、過去一カ月で意図しない体重の五％以上の増減がありましたか。
3. クライエントは、睡眠習慣に変化が見られたと報告したことがありますか。
4. クライエントは、悲しげだったり落ち込んでいたりしているように見えますか。
5. クライエントの声は、落胆したように聞こえますか。
6. クライエントが落胆または失望した様子だと、誰かが報告したことはありますか。
7. クライエントは、ひどく怒っていたり敵対的だったりするように思われますか。
8. クライエントは、急に気分が改善したり長引く抑うつ状態から浮上したと報告しましたか。
9. クライエントは最近、人生で重要な人物の死去、離婚、転居、あるいは喪失を経験しましたか。
10. クライエントは、友人あるいは家族が最近自殺したと報告しましたか。
11. クライエントは、家族の自殺歴を報告したことがありますか。
12. もしそうなら、クライエントの家族はその自殺について語りますか、秘密にしていますか。
13. クライエントは、家族が自殺した命日を迎えるところですか。
14. クライエントは、家族が自殺したときと同じ年齢か、似た状況にありますか。
15. クライエントは、以前の自殺未遂について報告したことはありますか。
16. クライエントは、死が人生にとって好ましいとほのめかしたり、冗談やそうでない発言をしたことはありますか。
17. クライエントが自殺について語ったと、誰かが報告したことがありますか。
18. クライエントが書いたか所有している死や自殺にま

つわるメモ、詩、あるいは印刷物を、誰かが見つけたことはありますか。

19. クライエントは、財産を手放すつもりだと報告していますか。
20. クライエントには、衝動性、判断力の乏しさ、反社会的行動の既往がありますか。
21. クライエントには、繰り返される抑うつ状態、強い不安、パニック発作の病歴がありますか。
22. クライエントには、重度精神障害、特にクライエント自身を傷つける命令幻聴の病歴はありますか。
23. クライエントには、物質使用歴はありますか。
24. クライエントは、頻繁に「死に挑む」あるいは危険度の高い行動に関わりますか。
25. クライエントは、頻繁に自分よりずっと大きい者やより危険な者に争いを仕掛けますか。
26. 病気、失職、離婚、学業失敗、停学や停職といった、クライエントの人生の危機が最近ありましたか。

クライエントへの質問

このリストは、クライエントが自殺念慮に直接触れないようにつくられた一般的な質問から始まります。自殺念慮を直接聞く質問もあれば、そうでない質問もあります。ただし、自殺念慮が告げられたら、できるだけ追加情報を詳しく追うようにしましょう。

1. あなたが動揺しているとして、**今は**どれくらい気分が悪い**状態ですか**。
2. あなたは、気分が悪いとき、自分を傷つけることを考えますか。
3. あなたは、普通に死ねたらいいのに、と思いますか。
4. あなたが死を願うとき、普通に自殺を考えますか。

（＊もしこれらの質問の回答が「はい」であれば以下に進みます）

5. あなたは、いつからそのような考えをもちはじめましたか。
6. あなたは、自分を傷つけることを考えはじめたときに何かがありましたか。
7. あなたは、どれくらいの頻度でこれらの考えを抱いていますか。
8. あなたは、いったんこれらの考えを抱きはじめたら、止めることができますか。
9. あなたが自殺を考えるとき、**思い詰めて**考えますか。
10. 自殺の考えはあなたを動揺させますか、あるいは気分良くさせますか。
11. もしあなたが自殺したら、何が起こると思いますか。
12. あなたの自殺を阻止しようとするのは誰だと思いま

すか。

13. あなたは、誰かに自殺を考えていると伝えたことがありますか。

14. あなたは、死がどのようなものだと想像しますか。

15. あなたが自殺をしようと考えたら、どのように実行すると思いますか。

16. あなたが自殺のことを想像するとき、成功しそうですか。もし成功しないとしたら、あなたを止めるのは誰（または何）ですか。

17. あなたは、遺書を書くことを想像しますか。実際に遺書を書いたことはありますか。

18. あなたが自殺する手段（銃、錠剤、ナイフなど）を、どこで手に入れようと考えますか。

19. あなたがこの方法を思うとき、それを誰かに話しますか。

20. その人は、あなたを心地良くさせてくれますか。

21. あなたが自分を傷つけることを思いとどまらせてくれる、大切な人はいますか。

第10章 薬物使用者をどのように判断するか

精神保健分野において、物質使用の問題ほど議論になるテーマはありません。人が危険な違法薬物を使用したり飲酒したりする理由、目的をもって手に入れた薬物を使用する理由は、議論に加わる人の数だけ多くの答えがあります。

薬物などの物質使用について、確認しうる遺伝的、化学的、神経学的な指標をもつ病気であり、その苦しみは衰弱していく慢性疾患の苦しみと何ら変わらないという人もいます。物質使用は不公平で厳しく苦しい人生という現実から逃れるためであり、より重要な根本原因である貧困や人種差別といった社会悪が本質であるという人もいます。また、物質使用は社会を損なう道徳的欠陥で、使用者は他の反社会的行為をする者のように司法制度に任せるべきだという人もいます。

物質使用者の定義も曖昧です。診断マニュアルによっては、使用、乱用、依存を区別します。自分は法を守っているという社会層の観察者たちは、自分自身については「付き合い程度にアルコールを飲むだけ」と言い、子どもが「たまにタバコを吸う」ことを許容しながら、薬物常習者や酔っ払いがいる社会の状況を残念がります。なかには、生理学的に害のある違法薬物を売買し、使用を公然と認める人が、自分や顧客はただ「楽しむため」だけにやっていると開き直って反省しない人もいます。

物質使用を簡潔に定義して同意が得られたとしても、物質使用者への治療対応について意見の一致を見ることは不可能とさえ言えます。物質使用への治療対応のひとつに、さまざまな「12ステップ」プログラムがあります。使用者の回復をサポートするのに最も適しているのは、回復した使用者だという発想です。ほかにも、特別な訓練を受けた専門職による物質使用者向けの個人治療を勧める人もいます。また、グループセラピーだけが効果的な治療法で、訓練を受けたグループセラピストが薬物使用者と取り組むべきだと提言する人もいます。

最初にどのような援助をすべきか、手法はさまざまです。たとえばある機関では、クライエントに飲酒・薬物の問題があるとみなされると、クライエントの言い分に関係なく、最初に短期入院や「解毒」プログラムを行う治療方針があるかもしれません。もしくは、物質使用を止めるより根本的な問題があり、物質使用は自己破壊症状のひとつとみなされるかもしれません。

このように薬物使用問題にはさまざまな側面があり、意見が一致しそうもありません。唯一の例外は、誰の目から見ても**アルコール・薬物使用が自己破壊的で、自滅行動に重大な影響を及ぼす**ことです。その結果、業務、重要な人間関係、疾病統計、犯罪統計に影響します。物質使用歴があるほうが、子どもや大人の殺人、自殺、身体的虐待に関連します。物質使用は別の危険行為の誘因となるため、すべての臨床家は薬物使用の可能性を考えてアセスメントしなければなりません。

その理由のひとつは、**アセスメントによって危険な破壊的行為をある程度、防ぐことになる**からです。たとえば、心身の虐待や性虐待が起こった状況の経歴を作成します。クライエントがアルコールや薬物の使用パターンを説明するときに、自宅の環境を注意深く精査し、疑わしければ同居者に協力して止めてもらうようにします。同居者の協力では変われないと感じたら、衝動的行動をする状況に注意して、自分からすすんで一時的にその場を離れることを教えます。

物質使用の危険に対するアセスメントでは、クライエントが関わる他の行為を見るところから始めましょう。第8・9章でその例を議論しました。たとえば、死にたい、誰かを傷つけたいというクライエントの願望が、薬物やアルコールによって増強されているかどうかを考えることが、アセスメントの一部となります。

この章ではこれ以降、クライエントが物質使用者かどうかを評価するためのアセスメントの**一般的範囲を理解すること**にあてます。章末には、一般的範囲の質問から集めた情報で何か気にかかることがあれば、クライエントに尋ねるさらに具体的な質問項目があります。次に、どう介入すべきかを決めるために、治療チームと気づきを共有しましょう。

これらを始める前に、物質使用に対するアセスメントの問題に、もうひとつ重要な要因を加えておきます。それは、物質使用者は他人に自分の習癖を知られたくないということです。物質使用者は、自分を恥じており、逮捕されかねない違法行為に関わっている自覚もあります。さもなければ物質使用の深刻さを否定しているか、面談中に理屈を並べて話題を逸らすでしょう。

ですから、あなたから尋ねなければ、この問題は決して話題に上りません。しかし残念ながら質問をしても、物質使用を否定するか、話題を最小限にしようとします。物質乱用の程度を把握することは容易ではありません。それでも、クライエントの機能に薬物やアルコールがどの程度関与して、機能を妨げているのか、正確な事実を得るようにします。問題のさまざまな側面をとらえて尋ねられるようになりましょう。

私たちが最終的に求めているのは、薬物やアルコールが一人の人間の精神的、物理的、職業的生活にどのように位置づけられているかです。それが物質使用のアセスメントの構成要素になります。まず、所定のアセスメントの範囲で、その流れで話題とすることから始めます。たとえば、簡単にクライエントの病歴を聴き取りながら、喫煙の有無を尋ねます。続いて、飲酒をするか、今までに薬物を使用したことがあるかを聞きます。クライエントが家族の過去を話しながら、家族には物質使用問題があると打ち明けたら、より詳細に調査していきます。

その調査では一般に、クライエントが**どのような物質**を使用しているかを理解します。ビールを飲むのか、ビールも飲んでマリファナも吸うのか、ビールも飲んでタバコやマリファナを吸うが「強いアルコールには手を出さない」のか、コカインやヘロインやバリウム〔訳注――精神安定剤の隠語〕などを使った経験があるのか。特に「など」というところが重要です。一般的な市販薬を含む、使用されやすい合法薬物があるからです。飲むものか、注射するものか、吸入するものか、嗅いだり口に含んだりするものか、さまざまな種類の薬物の知識を学べる情報源を調べ、薬物の情報に精通するように努めましょう。

クライエントが物質使用を認めたら、**どれくらいの期間**、薬物を使っていたのか、今も使っているのかを調べます。たとえば、アルコール使用者が、これまでに飲酒経験がなく、今回が初めてだと話したとします。ヘロイン使用者が、断じてこれまでに使用したことがなく、今回は人からもらって初めて使用したと話したとします。これらの証言とその内容は、アセスメントにおける重要事項になります。特にアルコールに代表される薬物との最初の出会いは、使用者の心を離さなくなった瞬間だと言えます。

それでも、これらの証言からクライエントが現在も物質使用者かどうかまでわかるわけではありません。次に、物質を**直近でいつ**使用したのかを質問します。「二〇年間ＡＡ（アルコホーリクス・アノニマス）に通っています」と明言する答えと、「わかりません」「たぶん先週かなぁ」「今朝です」という答えとでは意味が異なります。

「今朝です」という答えは、臨床家がスーパーヴァイザーと確認したくなるジレンマを生みます。物質使用症状のアセスメント経験が足りなくても、面接の最中に、薬物かアルコールまたはその両方がクライエントに作用していると気づくでしょう。状況に応じてクライエントは、物質を摂取していても、酩酊も高揚もしていないように自分を抑えます。また、明らかに物質の影響を受けているクライエントへの対処についても、治療機関に統一見解がないことがあります。たとえば、クライエントがまさに物質使用の最中では良い面談とならないため、面談を中止し、物質の影響がない「しらふ」のとき、またはそれに近いときに再来談するよう提案する人もいます。クライエントが自覚している物質の作用がセラピーに与える影響を議論することを勧める人もいます。また、できるだけ過去の物質使用の聞き取りを続けることを提案する人もいます。いずれにせよ、所属機関に適切な見解がなく、クライエントがプログラムに適していなければ、どのようなサービスを提供できるかスーパーヴァイザーと話し合いましょう。

アセスメントが続いていたら、次に、**どれくらいの量**の物質を使用しているのか質問します。章末の質問リストを使って、アルコール消費量、二四時間以内の大麻摂取量、錠剤の服用数と含有量を明らかにします。ただし、この質問の目的は、クライエントの飲酒・薬物問題を確定することではありません。残念ながらそれは簡単ではないからです。

アルコールや薬物の使用は、私たちの社会では文化によって意味が大きく異なり、実態は文化・社会的背景によって異なります。自分の文化・社会的背景からみて、自分の経験から外れていると、薬物使用や飲酒行為を不当に恐れたり決めつけたりすることがあります。たとえば、街角で売られている薬物の使用は通過儀礼にすぎないと考える都会の若者の話や、夜勤労働者が店長が帰ったあとから翌朝まで職場の全員でビールを飲んでいるという話を聞いて、不安になるかもしれません。その不安はまっとうなものでもあり、あるいはそうでないかもしれません。だからこそ、治療チームの情報と同じくらい徹底したアセスメントが必要になるのです。

薬物使用量をアセスメントするときは、二つの質問をしましょう。第一に、長いあいだ、いつも同じ量の薬物を使っているのか、量が増えつづけているのか、量が増えている場合には、どれくらいの期間で、どのくらい増えたのかを尋ねます。第二に、物質使用量が増えているあいだに、アルコールや薬物で問題を起こしたり状態を悪化させたりしていないか、またクライエントが何か不安を感じて聞きたいことはないかを尋ねます。これは、クライエントの友人が物質使用を通過儀礼と考えていることや、仕事仲間がアルコールを飲んでいることなど、いかなる社会・文化的態度とも関係のないことです。二つの質問は、面談中はいつでも話題に上がるものです。話題に上がったら、クライエントが不安を覚えており、助けを求めている確証が得られたと言えます。

しかし、クライエントが何ら心配を示さなかったら、物質を**いつ使うのか**質問します。飲酒や薬物摂取の環境や時間帯を詳細に尋ねます。この時点で、クライエントに問題があるときに示す特定のパターンを話題にできれば安心です。残念ながら、薬物によって性質が異なり、生じる問題も異なります。実のところ、毎晩夕食時に一人でワインボトル半分を飲んだり、二〇年間飲酒を続けている常用者は、週末だけ友人と飲酒をしている人より危険度は低いかもしれません。また、数カ月に一度だけパーティーでコカインを使う人は、職場からの帰宅時に運転しながら「マリファナたばこを二本吸う」人より危険は少ないかもしれません。ですが、このような例を挙げることすら不謹慎だとする価値判断を押し付けるのは問題です。あなたの仕事は、すべてのデータをアセスメントして、後で役に立つ判断ができるよう情報を集めることです。情報収集の目的を忘れないことが非常に重要になるでしょう。

●自分に問いかけましょう

- クライエントは、どのような物質を使っていますか。
- クライエントは、直近ではいつ使いましたか。
- クライエントは、どれくらいの量を使いますか。
- クライエントは、いつ使うのですか。
- クライエントは、なぜ使うのですか。
- 物質を使うと、何が起こりますか。
- 物質使用は、クライエントの生活にどのような影響をもたらしていますか。
- クライエントは、今までに使用を止めようとしたことがありますか。また、どのように挑戦しましたか。そして、それはうまくいきましたか。

最後に、**なぜ使うのか**という質問となります。質問の答えによってその後の展開が決まります。これはあからさまに聞く質問ではなく、また予想される答えも多くあります。たとえば、気持ちが楽になるから使うのか、慢性的な身体の痛みがあっても仕事ができるために使うのか、性行為でより快感を得たくて使うのか、友人がみんな使っているから使うのか、気がかりな現実を考えなくてもすむために使うのか、何かに失敗して自暴自棄になって使うのか、家族を亡くして悲しいから使うのか、などさまざまです。そのことを調べるために、たくさんの意見を聞いていきます。なかには理由のはっきりしない答えもありますが、驚くべきことではありません。

続いて、**使うと何が起こるのか**という質問に対しては、クライエントはもっと協力的になるでしょう。ここで主に質問したいのは、行動や人格の変化です。たとえば、使用して意識を失ったことがあるか、家までどうやって帰ったか思い出せないことがあるか、パーティーを気楽に楽しめるか、子どもや配偶者を叩くか、仕事の取引で大胆になれるか、声が聞こえはじめたり何かが肌を這うような感覚が起こるか、使用中は嫌なことを忘れて幸福を感じるのか、などです。

仮に嫌なことがあって薬物を使用するとしたら、**嫌なことは何か**と尋ねます。つまり、嫌なことは使用物質によって引き起こされたのか、**薬物使用がクライエントの生活にどう影響するのか**、という質問です。たとえば、物質使用によってパートナーが怯えて去っていく、飲酒運転や薬物売買の横領罪で逮捕された、付き合う仲間は薬物使用者だけである、今ある身体的問題が物質使用と関係している、前ほど仕事ができず遅刻して頼りにならないため解雇されそうである、などです。

以上、物質使用から治療の必要性をアセスメントするためには、多くの手順があることが理解できたでしょう。面接中のクライエントが積極的に質問に答えれば、物質使用が人生に非常に深刻な影響を与えていることを自覚していると考えられます。自覚していることを認めるかどうかにかかわらず、治療チームに気づいたことを報告する前に為すべきことがあります。それは、さらに三つの質問をすることです——**今までに使用を止めようとしたことがありますか、どのように挑戦しましたか、それはうまくいきましたか**。

質問の回答が得られたら、クライエントの物質使用歴のアセスメントは終了です。このアセスメントは、治療チームが注意してクライエントに必要な介入段階を検討する貴重な材料となります。

物質使用の可能性のアセスメント

クライエントに以下のすべてを質問をする可能性は低いでしょう。ですが、最近ではさまざまな物質使用・物質乱用がみられるため、最初の六つの質問の答えから導かれる情報を反映させ、これに合わせた質問を選ぶ必要があります。

1. 今まで喫煙をしていましたか。それはどのくらいの期間ですか。今でも喫煙をしますか。一日に何本吸いますか。
2. アルコールを飲みますか。
3. 何を飲みますか（ビール、ワイン、リキュールなど）。
4. 普段、決まって飲む処方薬はありますか。それによってどのような気分になりますか。
5. 普段、決まって飲む市販薬はありますか。それによってどのような気分になりますか。
6. 今までに違法薬物を使ったことはありますか。
7. 最後に飲酒／薬物使用をしたのはいつですか。
8. どれくらいの量を飲む／使用する必要がありましたか。
9. その前、最後に使用したのはいつでしたか。
10. そのとき、どれくらいの量を使用しましたか。
11. あなたは、いつもほぼ同じ量を飲み／使用しますか。量は増えていますか、減っていますか。
12. 増えている場合、それが気にかかりますか。
13. 今まで飲酒／薬物使用をして、体重が著しく増えたり減ったりしたことはありますか。
14. 今まで飲酒／薬物使用をしているときに、眠りにくくなったことはありますか。
15. 一日のうち何時に飲酒／薬物使用をしますか。
16. 何曜日に飲酒／薬物使用をしますか。
17. 週に何日飲酒／薬物使用をしますか。
18. あなたが飲酒／薬物使用をするときは、たいてい誰といますか。
19. 友人の多くが飲酒／薬物使用をしますか。
20. 両親は飲酒／薬物使用をしますか（していましたか）。
21. 家族にアルコール依存／中毒者はいますか。
22. あなたは、今まで自分に飲酒／薬物問題があるかもしれないと心配になったことはありますか。
23. 今まで誰かがあなたに飲酒／薬物問題がある（あった）と指摘したことはありますか。
24. 飲酒／薬物使用は、どのようにあなたの助けになっていますか。

25. 飲酒／薬物使用をするとき、あなたはどのような気分になりますか。

26. アルコールや薬物の影響下で、自分がしたことを覚えていない行動について、人から告げられたことがありますか。

27. あなたが飲酒／薬物使用をしていたときは、いつもより注意散漫になり、怒りっぽくなり、制御不能になると、人から告げられたことがありますか。

28. あなたは以前より多くのアルコールや薬物を「扱う」ことができますか。

29. あなたは以前よりアルコールや薬物を「扱う」ことができませんか。

30. 飲酒／薬物使用をしているときは、いつもより社交的だと感じますか。

31. 今までに、飲酒／薬物使用をしていなければありえない誰かと性行為をしたことがありますか。

32. 今までに、飲酒／薬物使用をして後悔した行動がありますか。

33. あなたは、「困難から逃げる」ために飲酒／薬物使用をしますか。

34. あなたは、どのような困難から逃げたいのでしょうか。

35. 仕事上、誰かがあなたの飲酒／薬物使用について心配を露わにしたことはありますか。

36. あなたは、飲酒／薬物使用が仕事を妨害していると気づいていますか。

37. あなたは、飲酒／薬物使用のために仕事に遅刻した日がありますか。

38. 今までに、飲酒／薬物使用のために仕事を失ったことがありますか。

39. あなたは、飲酒／薬物使用による配偶者やパートナーとの困難や対立はありますか。

40. もしあなたが飲酒／薬物使用を止めなければ、パートナーは怯えてあなたの元を去っていましたか。

41. あなたの飲酒／薬物使用のために、パートナーが去ったことがありますか。

42. 今のところ、飲酒／薬物使用があなたの性的関係を妨害していますか。

43. 今までに、薬物やアルコールの使用や売買、またはそれに関連した行動のために逮捕されたことはありますか。

44. あなたが飲酒／薬物使用をしているために、家族に注意が向かなくなっていますか。

45. あなたが飲酒／薬物使用をしているときに、家族や友人を避けますか。

46. 今までに、飲酒／薬物使用をしていたときにパートナーや子どもを叩いたことはありますか。

47. あなたには金銭問題がありますか。

48. それはあなたの飲酒／薬物使用と何か関係がありますか。

49. 今までに、飲酒／薬物使用を止めようとしたことはありますか。またそれはどのようにしてですか。

50. 今までに、飲酒／薬物使用をしているとき、そこには存在しないものを見たり聞いたりしたことはありますか。

51. 今までに、飲酒／薬物使用を止める手助けとして、何らかのセラピーを受けたことはありますか。

52. 今までに、飲酒／薬物使用を止める手助けとして、12ステップのプログラムやそのほかのサポートグループに出席したことはありますか。

53. 今までに、飲酒／薬物使用を止める手助けとして、医者にかかったことはありますか。

54. 今までに、飲酒／薬物使用によって入院したことはありますか。どの機関で、どれくらいの期間でしたか。

第11章 子どものネグレクト・虐待・性虐待をどのようにアセスメントするか

臨床家に悲しみ、恐れ、怒りを起こさせる状況はさまざまです。なかでも大人が子どもを傷つけ苦しめることや、子どもを保護せず置き去りにして誰かの喰いものとなることには、感情が揺さぶられます。子どものネグレクト、虐待、性虐待は考えたくないほどつらいものです。私たちの良心や法律や社会は、子どもの問題について考え、二度と起こらないよう願い、望み、そして祈ります。しかし、子どもの問題が起こる**可能性**を意識しないわけにはいきません。そのような懸念があるときは通報が求められます。

特に、**可能性**という言葉が強調されている意味について考え理解することが重要です。それは、ネグレクト、虐待、性虐待が起こっている**可能性**のことです。子どものネグレクト、虐待、性虐待が事実かどうかを判断する機関で働いていないのであれば、臨床家の責任は、それを証明して適切な人物や機関に懸念を伝えることではなく、関連書類を提供することです。

アメリカ国内の全州には虐待やネグレクトについて独自の法律があり、報告を義務づける制度があります。報告を**誰から求めるか**という州独自の規定もあります。その規定は専門的訓練の有無、免許、職務形態に基づいています。したがって、まず自分が子ども虐待の報告をする立場にあるのかを確かめます。あなたがその指定を受けているにもかかわらず、虐待やネグレクトの疑いを**報告しない**としたら、法的に処罰されます〔訳注――日本では、子どもの虐待が疑われる事態を知ったすべての人に通報義務があります〕。

また、所属機関には虐待やネグレクトの疑いを報告する指針があるはずです。そこで次に、どのように実施するか、この指針に精通しているスーパーヴァイザーと話し合います。記入書式を見て、どの機関宛に報告書を作成するのか確認してください。

一方的に決めつけた報告にならないよう、つねに心がけましょう。特に、虐待やネグレクトの疑いの場合にはそれが重要です。子どもの両親と話したり児童福祉団体と連携したりすることで不安になることもあります。不安を落ち着かせるためにも、周りの人の支援や経験を活用すべきです。子どもの安全と家族の幸福の両方が危険にさらされるため、他機関にも情報提供の義務があります。そのため、あなたには入念で慎重な情報収集を行う責任が伴います。

したがって、この章の最初の目的は、入念で慎重なアセスメントができるようになることです。それによって経験豊かなメンバーとのコンサルテーションの際に、多くの情報を集められるようになります。次の目的は、そのための手段と信頼を提供することです。そうすれば、子どもが危険にさらされ、助言する人が誰一人いない状況でも、ためらいなく子どもの安全を守る行動に移れます。

● **覚えておきましょう**

- あなたが、子どもの虐待やネグレクトの指定報告者であるかを確認してください。

●子どもの虐待やネグレクトの報告において一方的な断定を避ける方法

1. 虐待やネグレクトの疑いに関する所属機関の手順を把握します。
2. できれば、子どもとの初回面接だけは必ず先輩スタッフがいるときに予定してください。
3. 2が不可能ならば、先輩スタッフの電話対応が可能なローテーションを確認します。
4. 3が不可能ならば、スーパーヴァイザーの連絡先を聞き、連絡すべき状況を確かめます。
5. 所属機関の責任者の連絡先を聞き、連絡すべき状況を確かめます。
6. 子どもの安全が危険にさらされていると感じたときに躊躇したり、「子どもの家のことまで心配する必要はない」と判断して、先輩、スーパーヴァイザー、所属機関責任者に連絡することを躊躇しないようにしましょう。

続いて、ネグレクトや虐待の概念を明確にします。そして、セッション内で明確にする方法について述べます。危惧される情報が出てきたら、アセスメントにおいて子どもに差し迫っている危険の尋ね方を学びます。さらに、子どものネグレクト、虐待、性虐待の危険を評価するために、子どもと会う際に考えるべき、三つの重要な特徴に焦点を当てます。それは、**身体的徴候**、**行動症状**、**養育者の特徴**です。

章末に、身体的徴候、行動症状、養育者の特徴の詳しいリストがあります。このリストの意義は、あなたに手軽な資料を与えるだけでなく、子どもが虐待やネグレクトに苦しんでいる可能性を示唆する多くの手がかりを意識することにあります。そのため指針となる身体的徴候、行動症状、養育者の特徴という可能性の**組み合わせ**に精通することが重要です。またこのリストは、あなたが短絡的な結論に飛びつくのを防ぐためのものでもあります。特に、不安を感じても、焦らず耐えなければなりません。そして慎重に判断しながら情報を収集します。これらすべてを心に留めましょう。

では、ネグレクトと虐待の区別から始めます。まず忘れてはならないのは、以下の言葉や定義も状況によって変わるということです。たとえば、ネグレクトと表現されたことを、不適切な養育や虐待と理解したり、身体的虐待を行き過ぎた体罰と理解するかもしれません。大まかな定義ではありますが、ネグレクトは、親や法によって規定された養育者が**なすべきことを子どもにしないこと**、また虐待は、親や法によって規定された養育者が**なすべきでないことを子どもにすること**と定義されます。

これら二つの定義が、親や養育者に限定されていることに、混乱するかもしれません。たとえば、親や養育者以外の人が子どもを痛めつけ、そのような事件に気づいたら、間違いなく適切な機関に通報する責任があると査定するでしょう。ただ、ある男性が、交際している女性の子どもを身体的かつ性的に虐待したとします。裁判では、彼の子どもに対する行為によって、当該州の法律に基づいて、暴行、性的暴力、肛門性交、その他の容疑と判断されます。一方で、理由はともかく子どもを保護せず放置した親の行為はネグレクトとされます。なぜなら先に述べた通り、ネグレクトは親が**なすべき行動の欠如**を意味し、育児を怠けたり、または子どもを気にかけないといった欠如からネグレクトが生じるからです。

この欠如からネグレクトは五種類の形態に分けられ、すべてに共通するのは見た目です。

一つ目は、見るからに最も明白な**身体的ネグレクト**です。しかし、文化・社会的差異が影響するため、目にした状況からネグレクトをアセスメントしようとしても、判断が鈍ることがあります。たとえば、事務所に連れてこられた幼児が、ぼろで、汚れた、季節はずれの衣類を着ていて、身ぎれいでなければ、あなたは幼児がネグレクトされていると思い、不愉快になり、憤りを覚えるでしょう。しかし子どもが一二歳であれば、先ほどとは異なった見方になります。家族が異文化圏からの移民か、ホームレスか、宗教信念によるものか、難民か、単にキャンプ旅行の結果かなど、いろいろな可能性があります。

したがって、予想されるどのようなネグレクトを判断する場合でも、二つのことを自問してください。ひとつは、子どもの状況が**長年にわたって続いている**か、ということです。つまり、子どもの様子から、保護が必要となるような情報があるか、ということです。もうひとつは、子どもの様子が、**健康や安全が危険にさらされたもの**か、ということです。二つの問いのどちらかでも「はい」と答えられるならば、あなたが見聞きして不安を覚えた子どもの状況に対しては、さらなる判別が求められます。

身体的ネグレクトは、子どもの容姿からの判断以上に多くの事柄が含まれます。おおよそ身体的ネグレクトは、不適当で不十分な服装だけでなく、不適当な住まいや衛生状態、食事を含んだ状態も考慮して判断されます。子どもがそのような状況に置かれた期間や、子どもの健康や安全が脅かされる危険を考慮すれば、子どもがどれくらい幸福を脅かされているのかを知ることは、さほど難しくないはずです。

身体的ネグレクトの疑いを感じながらも確信をもてないと、親を非難して詮索したくなるかもしれません。ですが親には、良い親になりたいという願いや子どもの幸せへの関心を尋ねてください。子どもに起きていることを確かめるために、子どもや親に尋ねてください。子どもが最後に食事をし、お風呂に入り、清潔な衣類を身に着けたのは、いつなのか。子どもがどこに住んでいて、何人と暮らしているのか。子ども部屋があるのか、子ども部屋がないなら子ども専用のベッドがあるのか、ベッドに何人で寝ているのか。子どもは朝食に何を食べたのか、誰に食べさせてもらったのか――これらを具体的に聞きます。その回答が確かなものであれば書き留めます。

二つ目は、**医療ネグレクト**です。これは身体的ネグレクトにも関係します。わかりやすい例は、十分に食事がとれず栄養不足に苦しんでいる子どもです。ほかにも同様の例があります。たとえば、病気や体調不良の子どもに危険で不適切な医薬品を与えること、深刻な状態にある子どもに定期的に医療を受けさせないこと、医療的処置がなければ死ぬか身体に後遺症が残るのに子どもを受診させないことなどです。

三つ目は、**教育的ネグレクト**です。これは、子どもが学校に行かないこと、子どもではなく養育者の都合や状態によって子どもが学校に行けないこと、教育が制限されることを意味します。たとえば、アルコール依存症やうつ状態のため親の生活が昼夜逆転していれば、昼間に子どもの生活を整えて学校へ送り出すことはできません。また、年上の子どもに幼児や病気の兄弟の世話役をさせて、学校に行けなくさせているかもしれません。

四つ目は、**不適切な監督**というネグレクトです。これは、子どもを独りにさせ、幼い年齢の子どもを放置するだけではなく、子どもを育てるのに精神的にも身体的にも不向きな人を世話役にするような、危険な環境に子どもをさらすことです。また、ポルノ、売春、薬物使用といった子どもには不釣り合いな活動を見聞きさせ、加わらせる状況に置くことです。あるいは、単純にそういった場にいさせることです。

五つ目は、**感情的ネグレクト**で、親が子どもを自分の感情のはけ口にするものです。つまり、長期間にわたって子どもを人から遠ざけて孤立させ恥ずかしめること、絶えず悲惨な結末を示して子どもを怯えさせること、精神的に脅迫して子どもに服従を強いること、長期間にわたって子どもを無視しつづけることなどです。

以上が五つのネグレクトの形態と具体例です。きっと理解できたと思います。

ネグレクトが起こりうる状況が、養育者にとって不可抗力の出来事によることもあります。それは臨床家にとって厄介な問題になりかねません。実際、住む家がないこと、物質使用、家族の死、失業、精神疾患、精神遅滞など多くの環境因は、子どもが適切にケアをされない原因になりえます。このような養育環境にあることを問題視して、子どもの幸せを訴えることは、親にさらなる負担を科すことになります。果たして親に問う権利はあるのでしょうか。それは、かえって親に罪悪感を植えつけて困惑させることになるかもしれません。そのため、あなたがもっている情報をスーパーヴァイザーや治療チームと**できるだけ早く**共有することが重要です。情報共有によって、子どもを守るために自分がなすべきことを決める指導が受けられるでしょう。

同じことが**身体的虐待**の場合にも言えます。身体的虐待は、思いがけず起こってしまうのではなく、意図的に子どもをケガさせるものです。子どものケガには、あざ、火傷、噛み痕、叩かれた痕、刺された痕、手足の骨折など、多くの身体の負傷が含まれます。ケガ自体は子どもの状態を見れば明らかですが、ケガは露出していない部分にあるかもしれません。また、ケガは一度の事件によるもの、あるいは継続的な暴行の結果かもしれません。また、昨日、先月、去年に起こったことかもしれません。

虐待の可能性を多くの要因に照らし合わせ、あなたの質問を調整します。自分に何が起こったか説明できる年齢の子どももいれば、人形と遊んでいるときや絵を描いているときに、自分に起こったことを再現する子どももいます。別の子どもから「あの子はしょっちゅう、おもらしをしている」という情報が伝わることもあります。また、週末に父親の家に泊まった翌日は、虐待の跡を隠すために長袖を着ていると説明される子どももいます。子どもによって何が起こっているのかを暗示するものは異なります。ケガについて尋ねられると、なぜ、どのように、どのような環境で両親が自分を罰するのか、すぐに自発的に答える子どももいるでしょう。また、何があったのか早口で語るけれど、自分が悪かったから、話を聞かなかったから、お菓子を食べすぎたから、ケガをしたと説明するかもしれません。疑り深く警戒して、目に見える痕やあざの理由を曖昧に説明して、見えないところに傷痕などないと否定するかもしれません。ただ怖えて黙って涙ぐむ子どももいるかもしれません。

子どもが虐待を示唆する無数の徴候を理解するのと同時に、両親のあいだで何が虐待なのか意見に幅があることも知っておく必要があります。親の見解は、文化・民族的な価値観によって大きく異なります。たとえば、子どもへの過度の体罰と思われるものが、親の文化習慣では一般的という場合もあります。そうしなければ子どもが手に負えなくなるから、あくまでしつけの範囲だと親は主張します。このような親は、現代社会では体罰が虐待のひとつだということに気づいていないのです。

一方、親が法律で定義された虐待行為をよく知っていたり、誰かから傷やケガのことを聞かれても嘘をつくよう子どもに教え、さもないともっと罰を受けて苦しむと脅かしたり、子どもの身体のどこをどうケガさせれば見つからないかわかったうえで傷つけている身体的虐待もあります。あるいは、子どもの虐待疑いで通報された前歴が両親にあるかもしれません。その子どもか兄弟姉妹への虐待が発見され、児童相談所などによって親から引き離されたことがあったかもしれません。

以上、知っておくべき親の行動や子どもを守る責任は幅広くあります。そのため、あなたの面接は常識的でなければなりません。子どもがさらに危険にさらされることがないよう確かめながら面接を進めます。子どもの安全が確信できるために必要な情報をどうすれば入手できるか考えましょう。

常識や気配りは、子どもの**性虐待**の可能性をアセスメントするときも必要になります。性虐待を簡潔に定義すると、子どもを性的な目的で利用するすべての行為のことです。愛撫から、口唇性交、肛門性交、生殖器性交にまで及びます。一度だけの場合もあれば、繰り返されている場合もあります。対象は男性の場合も女性の場合もあります。生後一五日目でも一五カ月でも一五歳でも関係なく起こります。

性的関係の性質、子どもの年齢、加害者の性別、虐待の回数に関係なく、子どもの性虐待について心に留めるべき、二つの重要なことがあります。第一に、子どもの性虐待は、どのような人種、民族、経済階級においても起こるということです。つまり、**誰もが子どもを性的に虐待する可能性がある**ということです。第二に、加害者は、子どもを知っていて、子どもに接触できて、十分信頼されている家族や友人の可能性が最も高いということです。

子どもは自分なりの方法で、加害者が脅迫・誘惑して虐待したことを表現し、さまざまな手段で性虐待を受けた事実を明らかにします。たとえば、幼い子どもがはっきり「おじさんが私のなかにおしっこを入れて痛かった」と言うかもしれません。あるいは、二体の人形を使って性的な表現をして遊んでいて、人形で何をしているのか聞かれたら、淡々と「ベビーシッターが私にしたこと」と答えることもあります。

また、性虐待を受けた子どもが成長して、自分がされたことの意味をはっきり理解した場合、その時点から恥や強烈な恐怖を感じる可能性は高まります。それは、性虐待を受けたことが公にならないか、また傷つけられて殺されはしないか、愛する人が虐待者と言ったことで責められないか、虐待の事実を突きつけられた親を傷つけないか、家庭が壊れてしまうのではないか、といった恐怖です。臨床家からすると、恥や恐怖の源となった性虐待の事実を明確にすることは、子どもにとって耐え難く恐ろしいだろうと思われます。

子どもへの質問は、子どもが「秘密を守りたい」と思う理由と衝突しますが、それでも子どもに尋ねなければなりません。たとえば、子どもが年齢不相応に性的なことを知っていたら、子どもにもわかる率直な言葉で、どこで知ったのかを聞く必要があります。ベビーシッターの触り方が好きではないと語ったら、二体の人形を使ってベビーシッターがどうやって触るか示してもらったり、触ってくる体の部位を指差して示してもらいます。未成年の子どもが、母親の彼氏は気持ちが悪いので母親に追い出してほしいと話したと語ったら、その人物のどのような言動が不快だったのか尋ねます。

そのための質問方法は多くあり、章末のリストでは質問のときに気をつけるべきことを示しています。

性虐待や身体的虐待のことを尋ね、子どもがそれを認めたら、あなたは次に何をしますか。答えは、基本情報を得ることに努め、子どもが語った言葉を言い換えずにそのまま書き記しておくことです。子どもに触ったり傷つけたりした人の**名前**は何か、その人物は子どもと**いっしょに住んでいる**か、**今まさに家にいる**人物か、虐待は**いつ**起こったか（たとえば夜、母親が仕事に行っているときなど）、虐待は**どこ**で行われたか（たとえば、いとこのベッド、姉の家など）、その人物は**何を用いて**子どもを傷つけたか（たとえば、こぶし、口、アイロン、ベルトなど）、虐待は**何回**行われたか、といったものです。もし子どもが自分で話せるなら、**最も直近の出来事**の正確な日時を含め、どのような様子だったか、**体のどこ**を傷つけられたり触られたりしたか（子どもでも体の部分を示すことはできますし、自分を守るために何をしたかを説明できます）、子どもに**傷痕**や**今もどこか痛いところ**があるか、そしてそのことを**誰かに**話したか、などを書き留めます。

●虐待やネグレクト疑いの報告方法

1．セッションのメモを読み返し、報告に必要な部分を明確に示すか書き出します。
2．地域によっては、指定報告者が使用する特定の連絡先があります。
3．名前を伝えて、報告者があなた本人であるという身元確認が行われます。あなたが指定報告者なら、そのことを伝えます。
4．所属機関の名前、住所、電話番号を伝えて確認を取ります。
5．できれば以下の事実を伝える準備をします。
（a）子どもの名前、年齢、誕生日
（b）両親の名前
（c）同一世帯に住んでいる他の子どもの名前と年齢

(d)同一世帯に住んでいる他の人の名前
(e)被害者とされる子どもが暮らしている住所と連絡先
(f)両親の職場の連絡先
(g)加害者とされる人の名前
(h)加害者とされる人と子どもとの関係
(i)特定された事件が起こった時間と日付
(j)特定された事件が起こった場所
(k)子どもが表現して特定された事件の描写――(例)「父親が延長コードで脚の裏側や顔を一〇回ほど叩いた、と子どもは報告しました」
(l)裏づけとなる情報の描写――(例)「膝裏に薄くて赤い七カ所のみみず腫れと、右頬に二つの傷跡があります」
(m)子どもがあなたに伝えた、出来事の原因の説明――(例)悪い成績の通知表をもらってきた

6. 子どもの名前で報告書を受け取った人の名前を尋ねます。
7. 報告に指定されている数(書類番号)を尋ねます。

情報を手に入れ、子どもといっしょにいるなら、スーパーヴァイザーか治療チームのメンバーに知らせましょう。そうすれば、あなたとスーパーヴァイザーは子どもから提供された情報を評価できます。また、その情報をもとに次に何をすべきかを判断する前に、**差し迫った危険のアセスメント**ができます。そのアセスメントでは、いくつかの要因を評価します。

1. 虐待の親近性や性質
2. 子どもの年齢と、どのくらい保護に関して大人に依存しているか
3. 加害者とされる人がどのくらい子どもに接触しやすいか
4. 優先すべき子どもの医療的治療やその評価の必要性
5. 子どもの保護責任を担う人の能力や信頼性
6. 子どもや別の子どもの、わかる範囲での過去の被虐待・ネグレクト歴

これらの要因を共同で評価して、保護機関への報告書作成が必要であれば、子どもを保護するために最も適した進め方を優先します。出来事を記録する所属機関の責任を遵守して、法律によって**必要とされている**仕事を遂行しましょう。すべてを実行したら、子どもの安全を確保するために、できることはすべてやったと安心できるはずです。

ネグレクトされた子どもの身体的徴候

子どものネグレクトの身体的徴候は観察可能です。子どもは以下のように見えるかもしれません――

- 汚れた不適切な衣類を身に着けている。
- 元気がなく疲れている。
- 歯の治療、眼鏡、医療的処置が必要である。
- 発言を含め、発達が遅れている様子である。

ネグレクトの行動症状

子どもは自分のことで、以下のように告げるかもしれません――

- おなかが空いている。
- 自分や別の子のために食べ物を盗んだ。
- 学校に行ったことがない。学校を休んでいる。
- 家では誰も弟妹の世話をしない。
- 朝、起きられない。

ネグレクトをする養育者によく見られる特徴

- 家が散らかっていたり、乱雑になっている。
- 養育者が物質使用者である。
- 養育者が社会的に孤立し、援助資源となる友人や家族がいない。
- 養育者が子どもの衛生、安全、情緒的ニーズに興味を示さないか関与していない。
- 養育者が子どもを批判したり、けなしたりする態度を露わにする。
- 養育者に子どもを脅したり、辱めたりする傾向がある。
- 養育者に子どもを社会的養護、あるいは情動的養育から孤立させる傾向がある。

身体的虐待の跡の徴候

身体的虐待の跡の徴候は必ず観察できます。子どもの体のすぐ見えない部分にあるかもしれません。ケガをした経緯についての子どもの説明のうち、矛盾していると思われるものに特に注目してください。

- やけど。特に両足や両手など。その子どもが熱い液体のなかに沈められたように適合するようなやけど。タバコのやけど。たとえば、スチームアイロンやカールアイロンのような物体の形をしたやけど。
- あざや、みみず腫れ。特に、偶然の負傷で左右対称的な跡が残ることはめったにないため、顔や身体の両側にある跡。子どもが両腕でつかまれたことを示すあざ。ベルトのバックル、ヘアブラシ、延長コードのような紐状のあざ（あざは「黒く青く」見えるとは限りません。色の濃い肌ではあざが周りと比べて染みのようであったり、光って見えたり、紫がかった色かもしれません。明るい色の肌では、治癒段階であれば紫や黄色みがかって見えます）など。
- 噛み痕。
- 骨折。
- 頭部や目の負傷。

身体的虐待を受けた子どもの行動症状

- その子どもは、社会的に引きこもっている。
- その子どもは、別の子どもとよくけんかをする。
- その子どもは、非常に受け身か卑屈である。
- 別の子どもがケガをしたときに、怯えたり警戒したりする。
- その子どもは、周囲の大人に怯えたり警戒したりする。
- その子どもは、家に帰ることに怯える。
- その子どもは、服や化粧でケガを覆う。
- その子どもは、事故に繰り返し遭う。
- その子どもは、自傷や自己破壊的行動を取る。
- その子どもは、逃げ出す。
- その子どもは、自殺未遂をする。
- その子どもは、よく泣いたり、障害など判別できる学習上の問題がないにもかかわらず、教師から学習上の困難があると報告されている。

身体的虐待をする養育者によく見られる特徴

• 養育者は、子どもには養育者が幸せになるための責任があると考えている。
• 養育者は、子どもの能力に不合理な期待をしている。
• 養育者は、子どもの年齢や行動に釣り合わないしつけをしている。
• 養育者は、子どもが別の子より「悪い」「きちんとしていない」「違う」としきりに述べる。
• 養育者は、物質使用者である。
• 養育者は、子どものときに虐待を受けている。
• 養育者は、友人・家族、そして地域資源から社会的に孤立している。
• 養育者は、自分の「能力を超えている」と思っている。
• 養育者は、愛する人の喪失、収監の可能性、失業などの危機にある。
• 養育者は、精神疾患を抱えている。

性虐待の身体的徴候

- おねしょ。
- 繰り返される生殖器・肛門部の痛み、あざ、出血、感染症、繰り返される尿路感染症の示唆や報告。
- 口唇の痛み、あざ、出血、繰り返される感染症の示唆や報告。
- 口唇、生殖器、肛門部に生じる性病。
- 性的行動を伴わない子どもの性感染症。
- 一〇代前半の低年齢妊娠。
- 繰り返される嘔吐や胃痛。

性虐待を受けた子どもの行動症状

- その子どもは、厳重に警戒している。
- その子どもは、睡眠リズムが乱れている。
- その子どもは、特定の人や場所への恐れを口にする。
- その子どもは、自分や別の子どもの生殖器に強い興味を示す。
- その子どもは、別の子どもとの性的関係を試みる。
- その子どもは、尋常でなく性的に成熟し、知識があり、性的魅力がある。
- その子どもは、突然、社会的に引きこもる。
- その子どもは、通常の状況で自分の体を見せることを恐れたり嫌がったりする（たとえば、水着に着替えること、定期検診中）。
- その子どもは、赤ちゃん返りの行動や、過度に夢想の世界への引きこもりを示す。
- その子どもは、友だちがいないという。
- その子どもは、養育者の性別に偏った行動、または性的魅力を露わにする行動を取る。
- その子どもは、反社会的行動に巻き込まれる行動を取る（たとえば、無断欠席、非行、逃避、物質使用、売春、そのほか性的に乱れた行為）。
- その子どもは、自傷行為または自殺未遂を行う。

性虐待をする養育者によく見られる特徴

身体的虐待やネグレクトの起こる家庭に共通する特徴はすべて、子どもが性虐待を受けている家庭にも当てはまり、さらに次の傾向が見られます。

- 養育者の一方が受け身で依存的、他方が権威主義的である。
- 養育者は、子どもに対してきわめて保護的である。
- 養育者は、子どもが別の人に愛着を示すと嫉妬する。
- 養育者は、不適切なまでに性的魅力があるように見えたり、不適切に思われる方法で子どもに触れる。
- 養育者の一人または両方が、過去に身体的虐待や性虐待を受けた経験がある。
- 養育者は、子どもに他者との性的行為、ポルノ、売春を見せたり加わらせたりする。
- 養育者間に、結婚生活や性生活における意見の対立がある。
- 養育者が［上記の要因に結びつく］身体または精神の疾患を抱えている。

第12章 心理検査とは何か、いつ求めればよいか

この本を通して、たびたび治療チームに言及してきました。治療チームのメンバーから情報収集、意思決定、安全確保や妥当性のために助けてもらい、アセスメント作業をより確かなものとすることを勧めてきました。けれども、職場によっては治療チームに心理検査の訓練を受けた心理士がおらず、あなたやスーパーヴァイザーが心理検査の所見を必要とする状況があります。それだけではなく、学校や病院などの機関から心理検査の所見を受け取る場合もあります。そのとき、あなたが心理検査の所見を見たことがなければ、何が書かれているのか戸惑うでしょう。

この章では、心理検査の目的や内容について基本情報を述べていきます。あなたとスーパーヴァイザーがクライエントのアセスメントのために心理検査の実施を考えるような状況を説明し、心理検査の目的や過程をクライエントに伝える方法を示します。

まず、心理検査の基本から説明を始めましょう。

第一に、心理検査が実施される理由はさまざまです。対象は未就学児から高齢者まで、幅広い年齢のクラ

イエントを評価するのに用いられます。

第二に、心理検査は**標準化**されているため、特定の対象の評価に役立ちます。つまり、子どもを評価する目的で作られていたり、大人のために作られていたりします。子ども向けに作られた検査は、**すべての子どもに**対して、同じ方式、同じ質問、同じ順序で実施されます。大人向けの検査でも、**すべての大人**に同様の方法で実施されます。子どもや大人それぞれに同じ方法で実施された検査結果を、熟練した心理士が解釈します。これによって先行データと経験的知識から総合的に分析が導かれます。

第三に、心理検査は標準化されているため、クライエントが他者に及ぼす能力や見込みの印象評価より、クライエント特有のパーソナリティ型、思考様式、知的機能のアセスメントに関する多くの見解を提供してくれます。しかし知的機能については、抑うつ、不安、注意困難による要因や、また検査自体がはらむ文化的バイアスによって、検査得点が影響を受けることがあるので注意しましょう。

心理士による心理検査の所見や他機関による心理検査の報告書には、どのようなことが記載されているのでしょうか。最初の欄に心理士による結論の要約がなければ、報告書は**クライエントの名前**、**年齢**、**検査日**から始まります。形式的に思えるかもしれませんが、検査日に注目することが重要です。同じ検査が二年以内に繰り返し行われていたら、その信頼性は疑わしいと思われます。なぜなら検査に答えるクライエントの特徴や方法が反映されているのではなく、過去に受けた検査を記憶して回答している可能性があるからです。過去に同じ心理検査を受けたことがあれば、再検査すべきか判断に悩む要因となります。

次に、一般的に所見（報告書）には、**実施検査一覧**が載っています。これには、スタンフォード・ビネー式検査やウェクスラー式シリーズのような、知的機能と認知機能を評価することを目的とした知能検査が必ず含まれ、たいていこれらの検査から実施します。ウェクスラー式には、三歳一〇カ月～七歳一カ月までの子どもに使用されるウェクスラー幼児用知能検査（WPPSI）や、五歳〇カ月〜一六歳一一カ月までを対象としたウェクスラー児童用知能検査（WISC）、一六歳〇カ月〜九〇歳一一カ月の成人向けのウェクスラー成人用知能検査（WAIS）があります。

これらのウェクスラー式知能検査には、言語と非言語の領域における知能と認知機能を評価する下位検査群があります。言語と動作の下位検査は、知能の異なった側面を測定することが目的です。所見には、これらの検査結果が簡潔に示されています。

次に実施されるのは、クライエントの心理的機能と情動機能を測ることを目的とした心理検査で、**観察法**か**投映法**のどちらかで測られます。観察法は、クライエントを観察し、標準チェックリストにより行動パターンを解明する方法です。行動観察のチェックリストの目的は説明するまでもなく明確なので、説明を省きます。

ここでは投映法による検査がどのように利用されるのかということに注目します。最もよく知られた投映法検査は、ロールシャッハ法と主題統覚テスト（TAT）です。ロールシャッハ法は、黒、白、有色を含む一連の左右対称のインクブロット図版を用います。主題統覚テスト（TAT）は、情動を動かされる内容や曖昧な状況にある人々が描かれた一連の図版を用います。図版に**クライエントの内面**を「投映」してもらうことから投映法検査と呼ばれます。クライエントに図版を示し、さまざまな物事として表現したりなぞらえたりできる一連のイメージや状況に対し、クライエント自身が抱いた個人的見解を話してもらいます。

投映法検査の目的は、クライエントの内的世界感覚を探ることです。ロールシャッハ法では、クライエントがインクブロットに何を見たのかを説明してもらいます。主題統覚テスト（TAT）では、絵や写真のなかで何が起こっているか、クライエントの考えた物語を話すように検査者（テスター）が求めます。インクブロットや絵・写真は非常に曖昧で、クライエントの世界の経験、現実の理解、他人との関係、クライエント固有の希望や夢や失望などが投映されて語られます。

ロールシャッハ法と主題統覚テスト（TAT）の回答は、知能検査や行動チェックリストより変化に富みます。ですから、回答の解釈は必ずしも**標準化されているわけではない**ことに注意しましょう。投映法検査から得られる見解の質や信頼性は、**検査者の経験や技量に左右**されます。

その次に、追加された種々の心理検査が書かれます。これらの検査は、クライエントに何らかの懸念があり、照会されて実施されたものです。もしくは、心理士が評価に役立つため普段から補助検査として用いているか、知能検査で浮上した疑問を調べるために実施されたのかもしれません。このような心理検査は数多くあります。目的は、発達段階や非言語の問題解決スキルをアセスメントすることをはじめ、学習到達評価、神経学的問題のおおよその同定まで多岐にわたります。

次の項目には、**なぜ検査が指示されたかという簡単な理由説明**が書かれます。たとえば、「Aさんは、両親の求めで教師から検査の照会がありました。今のところ英語と科学で落第しており、授業では欠席や途中退席があると担任が報告しているためです」「Bさんは、神経内科医から検査の照会がありました。Bさんの働く化学工場で火災があって被災して煙を吸引したあと、Bさんが失神の発作、左右の区別の困難、物忘れを報告しはじめたからです」というふうに記されます。

続く項目は、クライエントの人生において重要で、心理的に意味のある出来事の概略か、クライエントの発達や家族環境の概略が記されます。これらの情報とあなたの手持ちの情報を比較しましょう。特に、あなたと心理士の所見の情報源は別の人物かもしれないため、クライエントの情報が正しいかどうか確かめ、違いに注意します。

次の項目は、**検査中のクライエントの観察記録**です。目的は、クライエントの行動、人との関わり方、問題解決の特徴的な方法、課題への関わり方、欲求不満耐性、適性感覚などについて、検査者が抱いた印象を示すことです。特に子どもの場合、何らかの課題に集中して取り組む状況下でどう行動するかをイメージできます。

次は、**検査結果**です。知能指数はクライエントの知的機能スコアを他の同年齢と比較して変換したうえで、言語性ＩＱの下位検査、動作性ＩＱの下位検査、全検査ＩＱのスコアが示されます。たとえば、「Ｃさんは、言語性ＩＱが１０４、動作性ＩＱは１０５、全検査ＩＱが１０３を示しました」といったものになります。いずれのＩＱ検査（ウェクスラー式、スタンフォード・ビネー式など）でも、知的機能レベルは**偏差値**で示されます。したがって、ＷＡＩＳ、ＷＩＳＣ、ＷＰＰＳＩにおいて、全検査ＩＱ69以下は精神遅滞、70～79は境界知能、80～89は平均下位、90～１０９は平均的、１１０～１１９は平均上位、１２０～１２９は平均高位、１３０以上は平均高位以上とされます。しかし他の知能検査には別の判定基準があります。そのため、ウェクスラー式知能検査のように、全検査ＩＱ１００を中央の平均的ＩＱと理解しないようにします。全検査ＩＱスコアに続いて、**言語性と動作性のＩＱ間の数値の差**が記されます。両者の値に差があり、それが**1偏差（15点）以上**なら特記されます（たとえば、言語性ＩＱは１１7で動作性ＩＱは98）。1偏差以上が**ありながら**、全検査ＩＱが平均または90以上と高ければ、検査者はその違いから**学習障害**の可能性を考慮し、さらなるアセスメントの必要があるでしょう。

次項には、検査で明らかになった**重要な発見の説明**がなされ、検査者が疑念を抱いた学習障害の性質の詳細や、クライエントの学習の仕方や認知機能などが説明されます。また、自分自身や世界の受け止め方に関する、クライエントの内面にある最も顕著な傾向が記載されます。有効なテストバッテリーが実施されれば、クライエントの機能のあらゆる側面が言及されます。

さらに次の項では、検査結果からクライエントの十分な能力を正確に記録しているか、という心理学者の所見が記載されます。この所見が報告書になければ、できるだけ不明点を検査者に尋ねておきましょう。

●重要

・クライエントの能力を十分記録している報告書だとテスターが確信しているか、つねに問いかけてください。

最後に、心理検査で明らかになったクライエントの機能のアセスメントから、心理士が**提言する項目**があります。ここでは、学習障害を補うための具体的な個別指導案から、あなたの所属機関よりも十分な集中的サービス、精神科病院デイケアを勧めるといった記載がなされます。ほかにも、クライエントが特別な職歴に従事することの勧め、知的機能レベルに合ったより良い学校環境への通学、抑うつの影響を考慮して治療や投薬をある程度終えてから再検査を受ける提言などがあります。しかし、心理士の発見内容を問わず、クライエントの機能と潜在能力を多面的にとらえるという目的は変わりません。

ところで、ＩＱ検査の妥当性については長く議論があり、心理検査が実際にどれくらい役立つのか疑念がもたれることがあります。たとえば、人間の知的機能のひとつに実行能力がありますが、その実行能力が、自分には何かができるという自己効力感に影響するのかという疑問です。ほかにも、子ども時分の知能検査のＩＱについては、年を重ねるとともに最も変化しやすいのですが、それでも心理検査の情報が役立つのかという疑問です。

そこで、あなたや治療チームが最も役に立つ介入をどう組み立てるのか、より多くの情報に基づいた判断をするために心理検査の結果をどう利用するのか、これらを典型的な事例で説明しましょう。ある母親がセラピーに九歳の息子を連れてきました。通常学級でうまくいかず、いくつかの科目は落第点でした。担任は「苦手科目に取り組もうとしない」けれど「クラスのひょうきん者」だと言います。学校からは「特別支援教育が必要」と伝えられています。母親は日本語を話せますが、母語でないため理解が十分ではありません。母親は、学校からの報告に失望や困惑し、また落胆しています。母親はあなたに、学校の相談室で実施された直近の心理検査の結果を見せます。そこには、ＷＩＳＣの結果が全検査ＩＱ82であり、平均以下の少し低い知能である、と示されていました。この検査結果から、子どもの行動の意味や母親の捉え方、「支援が必要」という学校側の提言の意味について、あなたやスーパーヴァイザーはさまざまに推察するでしょう。ほかにも、この子どもの知能が平均の範囲であれば、学習障害の可能性を疑うでしょう。言語性ＩＱと動作性ＩＱの大きな違いに気を留めるはずですが、子どものＩＱが１３６であれば別の考えが浮かぶはずです。

つまり、心理検査の実施理由のひとつは、知的機能の現実的かつ客観的なアセスメントに基づき、適切な介入や治療方法を計画することです。そして、それがあなたやスーパーヴァイザーや治療チームに役立つのです。クライエントの客観的な能力と周囲が見込んだ実際の能力にはズレがあります。このズレにはいくつか理由があるため、早い段階で心理検査を要請することになります。

心理検査の必要性には、ほかにも多くの理由があります。前回の検査後からの、クライエントの機能の改善または悪化を記録するためです。また、思考障害、神経学的障害、記憶の問題、学習障害を確認または判定するためです。ほかにも、クライエントの内的世界が認知に作用して能力に影響が出ていないかを確かめるという目的もあります。拘置所での聴取のように、法的処遇を決定するという目的もあります。キャリアカウンセリングや教育計画にも、心理検査の結果は役立ちます。クライエントの神経学的機能に薬物や物質が与える甚大な影響を調べるのにも役立ちます。

心理検査はたしかに有用ですが、クライエントとの関係ができあがっていない初期段階では、心理検査を求めないようにしましょう。成人の検査には数時間かかるものもあります。子どもの検査であれば、二、三日かけることもあります。ようやくクライエントとの関係ができあがってきたと考えたら、別の人（検査者）を紹介します。所属施設に心理検査を実施できる人がいなければ、他機関を紹介します。別の人を紹介されると、クライエント側に自分のどこが悪いのかと懸念を抱かせ、不安を与えます。また、面接の初期段階では、クライエントの疑問に心理検査結果が明確に答えられるという保証はありません。初期段階での心理検査には、アセスメントの情報源としての有用性と、クライエントとの関係性を損なう可能性の両面があります。これを踏まえたうえで、学習障害を除外したり、クライエントの機能のさまざまな強みや弱みを見定めることが、セラピーにとって有益であれば心理検査が必要です。さらに、学校や診断評価を行う施設、心理検査を行うことが定式化された施設でも心理検査は必要です。

そのため、特に子どものクライエントに不安を与えない心理検査の実施準備が求められます。第一に、子どものクライエントや親に、心理検査が有益であるという理由を、そのつど説明してから始めます。たとえば、「あなたが学校で問題を抱えているのは知っていますが、理由はわかりません。心理検査の結果からは、あなたの抱えている問題が理解できますし、どうすればサポートできるかがわかります」「あなたの記憶の障害については、もっと情報が必要です」というように、簡潔かつ率直に検査が役に立つ理由を説明します。

第二に、「検査（テスト）」と呼ばれていても、学校で行う試験ではないことを伝えます。また、明らかにしたい事柄に応じた質問、パズルや描画、物語をつくるものもある、と概略を伝えます。

第三に、心理検査では、誰もが回答を間違えるもので、質問に答えられなくても気にしなくてよいと伝えます。重要なのは、心理検査が少しずつ難しくなるように設計されている、ということです。心理検査の意図をクライエントに知られないようにしている部分では、特にそうなっています。クライエントの能力が反映される水準に達すると、正しい回答より誤った回答が多くなります。そのため、クライエントには全問正解が期待されておらず、正解が少なくても「検査（テスト）に落ちる」ことはないと安心してもらいます。

最後に、子どもが心理検査を受ける場合、誰が検査をするのか、どこで受けるのか、前もって説明が必要です。できれば、あらかじめ心理検査を受ける部屋を見せてあげてください。そして検査者はたくさんの子どもの心理検査を実施してきたと伝え、親や子どもから尋ねられそうな質問に答えられるようにしておきます。心理検査の時間、方法、時期、結果を説明する人などです。検査後に面接予約を取って、どこかの時間枠で検査結果を説明できるように手配します。その面接の時間は、心理検査のことや検査結果で説明されたことを確かめるために使い、クライエントが結果の説明を理解しているか確かめましょう。

これらすべてを終えたら、心理検査を最大限、有効活用できたといえるでしょう。

第13章 アセスメント結果をどのように書くか

事前面接を終えた今、アセスメントを完成させるために他機関からも必要な資料をすべて集めたことになります。最後の仕上げは、クライエントに役立つ一貫した見解を書くことです。この章の目的は、アセスメントで期待されているものに精通すること、情報が示すところに従って指針を明らかにすること、文書を書く際の答えを導く質問を示すことです。章末には、生物－心理－社会的アセスメントのためのリストがあります。

書きはじめる前に、これから先、誰がアセスメントを読むことになるのか考えましょう。そして、資料と記録に添付される精神状態検査（ＭＳＥ）の最終目的を自分に問いかけましょう。

学生や研修生が記載者であれば、所属機関から去った後、事例は他の支援者に引き継がれます。ほかのセラピストは、あなたがまとめたクライエントの情報に基づくアセスメントを頼りにします。このような状況をイメージすれば、そのアセスメントはあなた自身の見解に相当するものとみなされます。

アセスメント結果は、引き継いだセラピストの情報源としての価値があり、またそれ以上に、将来の治療（ケア）会議でも役立ちます。さらにクライエントが承認すれば、治療を受けようと考えている別のセラピスト、所属機関にはないサービスや治療を提供できる他機関に、アセスメント結果が提供されるでしょう。

以上は、クライエントが他の目的のためにアセスメントの一部利用を承認する例です。しかし、クライエントやあなたの承認がないまま、アセスメントが利用される可能性もあります。たとえば、児童虐待疑いで報告する必要がある事例なら、そのアセスメントが児童養護処遇に必要となる審判や、子どもの親権を決めるために裁判所が出す召喚状の添付書類の一部となるかもしれません。こうした状況では、あなたがアセスメント結果に書いた懸念や内容は、関係者の生活に永遠に関わることになるわけです。ですから指摘するまでもなく、あなたの言葉の使い方や書く内容には、真摯な考えで臨むようにしましょう。

あなたがアセスメント結果を書き、クライエントの記録に書き加えた後も、その内容について考えましょう。たとえば、ＨＩＶ陽性の検査結果が出たクライエントについて記載するときは、医療情報による差別や情報流出がないように記録を保護する姿勢が求められます（ただし、クライエント側にしっかり書き記してほしいという希望がある場合を除きます）。

すべての面からアセスメントを書くことを考慮したうえで、必ずクライエントの個人情報から書きはじめます。名前、生年月日、アセスメントを記した日付、書き加えた日付です。所属機関によっては、冒頭に**あなたの名前**と主訴（題）を入れるか、文章の最後に署名を入れることがあります。

●自分に問いかけましょう

・現在から将来にわたって、誰がこのアセスメントを読むのでしょうか。

次に、クライエントを紹介する事柄を書きます。クライエントの名前、際立つ性格などの簡潔な説明、年齢、民族性、宗教、場合によっては在籍学校や学年、配偶者の有無、「表出している問題」「現在の症状」といった情報などを記します。これらを二つの重要な質問に答える形で記します。

- 誰が治療を勧め、紹介しましたか。
- なぜクライエントは、この時点で助けを必要としているのですか。

続いて、クライエントが所属する現在の家族について説明します。ここでは、質問への回答を記します。

- クライエントは、どこに住んでいますか。
- ほかに誰が住んでいますか。
- 誰が誰を世話していますか。
- 家族はそれぞれどのような働きをしていますか。
- 現在、家族はどのように支え合っていますか。
- それは、家族の経済的生活状態における変化でしょうか。

そのあと、クライエントの歴史において重要で契機となった情報を時系列で記します。子どもの場合には両親の情報も含めます。大人の場合には原家族についての重要な記憶から書きはじめます。下記は、考察のための質問リストです。成人対象のものから始まっていますが、クライエントの年齢に関係するものもあります。クライエントの過去に特に当てはまると思われるものすべてに回答します。

- 誰がクライエントの原家族を特定しましたか。
- 兄弟姉妹の順で、クライエントの位置はどこに当たりますか。
- 母親との関係は、どのようなものですか。
- 父親との関係は、どのようなものですか。
- 兄弟姉妹それぞれとの関係は、どのようなものですか。
- 両親の関係は、どのようなものですか。
- 原家族の誰が亡くなりましたか。
- まだ生きている原家族のうち、誰の連絡先がわかっていますか。
- 子どもの頃の思い出深い出来事は何でしたか。
- その出来事があったときは何歳でしたか。
- その出来事はクライエントにどのような影響を与えましたか。
- 子どもの頃は健康でしたか。
- 子どもの頃の家族は健康でしたか。
- コミュニティ生活における家族の関わりはどのようなものでしたか。
- 民族的文化的活動における家族の関わりはどのようなものでしたか。
- 宗教的活動における家族の関わりはどのようなものでしたか。
- 社会的、文化的、民族的、宗教的グループに強く帰属していましたか。
- 友だちはいましたか。
- どこの学校に通っていましたか。

- 学生時代の成績はどうでしたか。
- 学生時代の素行はどうでしたか。
- 最終学歴は何ですか。
- 退学しているとしたら、なぜ退学になったのでしょうか。
- 軍隊に入ったことはありますか。
- どのような仕事をしたことがありますか。
- どのくらいの期間働いていましたか。
- 現在は働いていますか。
- 初めて性交をしたのは何歳ですか。
- 結婚をしていたことがありますか。
- 現在は結婚していますか。
- 離婚しているとしたら、結婚はどのように終わりましたか。
- 結婚しているとしたら、配偶者との関係にはどのような特徴がありますか。
- 妊娠をしたことはありますか。
- 子どもはいますか。
- 子どもとの関係にはどのような特徴がありますか。
- 友だちはいますか。
- 友だちと頻繁に会っていますか、たまに会うくらいですか。
- 社会的、文化的、教育的、宗教的機関に所属していますか。

- それらの活動に参加していますか。
- 深刻な健康問題を抱えていたことがありますか。
- 健康問題があるとしたら、原因は何でしたか。
- 現在は健康ですか。
- 健康でないとしたら、現在の健康問題は何ですか。
- 今までに治療に行ったことがありますか。
- 治療に行ったことがあるとしたら、以前の治療はなぜ終わったのですか。
- 精神状態のことで病院にかかったことがありますか。
- 精神状態のことで薬を処方されたことがありますか。
- 薬物やアルコールのことで問題になったことがありますか。

以下の質問は、子どもや青年には適していません。クライエントが子どもや青年であれば、以下の質問は含めないようにします。

- 子どもが生まれたときの医療的、身体的、社会的、感情的状態はどうでしたか。
- 子どもと母親との関係には、どのような特徴がありますか。
- 子どもと父親との関係には、どのような特徴がありますか。
- 兄弟姉妹と子どもとの関係には、どのような特徴がありますか。
- 子ども時代の重要な心理的影響のある出来事は何でしたか。

- これらの出来事があったとき，子どもは何歳でしたか。
- 子どもは，通常の成長段階をすべてたどってきましたか。
- たどっていないとしたら，どの出来事が早かった／遅かったのでしょうか。
- 子どもは重要な健康問題を抱えていたことがありますか。
- 健康問題があるとしたら，それは何ですか。
- 子どもは現在，健康ですか。
- 健康でないとしたら，現在の健康問題の原因は何ですか。
- 子どもには友だちがいますか。
- 子どもの友だちとの関係には，どのような特徴がありますか。
- 子どもは，社会的，文化的，宗教的，教育的活動に参加していますか。
- 子どもは，どこの学校に通っていますか。
- 子どもの成績はどのくらいですか。
- 子どもの成績は能力に対して適切ですか。
- 不適切だとしたら，何が原因でしょうか。
- その時点で，子どもの学校生活はどうでしたか。
- それは学校の教え方に変化があったからですか。
- 学校での子どもの行動や機能について，教員はどう報告していましたか。
- 子どもが受けた心理検査で重要な発見は何かありましたか。

過去に関する質問を終えたら、次に、クライエントの現段階の治療に関する顕著な特徴に注意を向けます。この項目では、以下の質問の答えを含めるようにします。

- クライエントは、よく治療を受けに来ますか。
- 現在の治療の手順は何ですか。
- クライエントは、どのくらいの頻度で治療を受けていますか。
- 治療に来るとき、クライエントはどのような様子ですか。
- 治療に来るとき、クライエントはあなたに対してどのような様子ですか。
- 治療に来てから、クライエントの行動や感情に変化はありましたか。
- 変化があるとしたら、どのように変わりましたか。
- 治療を受けるべき臨床的問題を、あなたはどう見ていますか。
- クライエントは、治療を受けることに積極的ですか。
- 治療でのクライエントの目的は何ですか。
- この時点でのクライエントの予後について、あなたの見解はどのようなものですか。

生物－心理－社会的アセスメントの最終項目は診断です。診断は、治療の仕方、頻度、目的が詳しく説明されるカンファレンスにおいて決められることが理想です。医師をはじめとする治療チームの監督者と他のメンバーと話し合いましょう。診断は複雑な過程で、論争を生み、ここでは議論し尽くせません。アセスメント結果を書くことを学ぶうえで、あなたが診断の根拠となる手引書の読み方や、よく見聞きする疾患の基準に馴れ親しむことが重要です。

最後に、記録することは山のようにありますから、アセスメント結果を作成する時間の確保を心がけましょう。

生物－心理－社会的アセスメントの例

氏名――マリアナ・M
生年月日――一九八五年二月二六日
アセスメント年月日――一九九三年九月一〇日

表面化している問題

マリアナ・Mは小柄でシャイな八歳半のカトリック系の女性で、母親はパナマ人、父親はイタリア系です。彼女は祖母ソフィア・Pによってウエストシティ精神保健クリニックに連れてこられました。P夫人は、マリアナが六週間前にスチームアイロンで背中にやけどを負った事故のあと、彼女の母親の家から移され、ソフィアの一時保護下に置かれた後、子ども保護機関からウエストシティへ照会を受けました。マリアナは繰り返し「アイロンの上に倒れた」と説明したものの、医学的所見と調査者の報告では、やけどは偶然生じたものではない可能性があると説明されています。ソフィアがこの先も養護権をもつのかを決定するために、聞き取りが翌月に設定されています。ソフィアの報告では、同居するようになってからのマリアナは、学校の課題を拒否し、ほかの子とけんかをし、家で食べ物を盗み、ソフィアに嘘をつきます。また睡眠の乱れや「すぐに泣くこと」も報告しています。

家族の説明

マリアナは現在、父方祖母のソフィア・P（五三歳）と、祖父アルトゥーロ・P（五八歳）と暮らしています。祖父母はイタリア系移民で、ソフィアは法律事務所の秘書として働いています。アルトゥーロはエアコン会社で働く技師です。二人はフォールストンのリッジウッド区にある二部屋付きのアパートに暮らして一二年になります。

個人史と発達上のデータ

マリアナは、アルトゥーロとソフィアの一人息子パオロと、パオロがアメリカ陸軍のパナマシティ駐屯地で出会ったパナマ人カルメリタ・Aとの、無計画な性関係の結果、生まれました。パオロはそのとき二〇歳、カルメリタは二一歳で、前の彼氏とのあいだにアリシアという二歳の娘がいました。マリアナを妊娠中、カルメリタはパオロが陸軍を辞める際にフォールストンについてきましたが、仲違いをしていっしょには住みませんでした。
アルトゥーロとソフィアは三カ月後、パオロが飲酒運転の車との事故で死亡したときに初めて、フォールストンにいるカルメリタの妊娠に気づきました。カルメリタはアルトゥーロとソフィアに、パオロとの子どもが妊娠五カ月目だと伝え、自分は子どもはいらないと言いました。アルトゥーロとソフィアがカルメリタの妊娠中のケアに費用を出し、生まれた子どもを引き取ることで合意に至りました。しかしながらマリアナが生まれたとき、カルメリタは心変わりをして、アルトゥーロとソフィアからの経済的援助を得て、パナマからアリシアを連れ戻して、二人の子どもと大きなアパートに引っ越しました。カルメリタの妊娠五カ月までのケアについて詳細は不明ですが、中央病院周産期ケア診療の記録では、五カ月目に調べたとき、カルメリタには貧血と喘息があり、物質使用を否定したもののコカイン乱用疑いがあったと示されています。彼女は六カ月の予約診療に現れず、七カ月目は早く来院したため体重が測れませんでした。

マリアナは予定日より五週間半早く、四ポンド八オンス（約二〇四〇グラム）で生まれました。出産所要時間は三時間でした。ソフィアはカルメリタといっしょに病院に行き、骨盤超音波検査で胎児が反応の兆候を示した後、出産中に麻酔投与はなかったとソフィアは述べました。マリアナは、首にへその緒が巻き付いた状態で生まれました。保育器に五日間入った後、カルメリタはマリアナを家に連れ帰り、その三日後にはマリアナを連れて行ってほしいとソフィアに伝えました。マリアナはソフィアとアルトゥーロのもとに四カ月留まり、ソフィアによれば、そのあいだにマリアナはよく食べてどんどん体重が増え、七週目までには一晩中眠るようになりました。

四カ月後、カルメリタはマリアナを返してほしいと言いましたが、週末ごとにマリアナが祖父母と過ごせることで合意しました。加えて、ソフィアが週に二回、子どもたちの食べ物とおしめをもっていき、ソフィアいわく「いつも母の家という貝殻に引きこもっているように見えた」。マリアナに気を配るためにアパートに通いました。ソフィアはまたマリアナをあらゆる医療検診に連れて行き、その間、定期的な小児科疾患の治療も受けさせました。アルトゥーロとソフィアはマリアナを引き取らせてほしいと、カルメリタに求めつづけました。

この養育方法はそれから四年半続きましたが、そのあいだにカルメリタは、時折マリアナを祖父母のもとに置いたまま、数カ月続けて姿を消すことがありました。祖父母は、カルメリタがその不在期間中に薬物を使用していたと考えています。ソフィアはマリアナに一六カ月で卒乳させ、トイレット・トレーニングは二歳半で特に問題なく身につけさせました。

マリアナの満五歳の誕生日前に、カルメリタは子どもたちを連れて八カ月間、姿を消しました。ソフィアはこの間、彼女たちがどこにいたのか見当もつかず、フォールストンに戻ってきたときには、マリアナが「違う子」になっていたと言います。つまり、時々週末にソフィアのもとを訪れるとベッドに食べ物を蓄え、眠るまで泣くのだと言いました。ソフィアに質問されたとき、マリアナは「ひたすら怯えているようだった」。

カルメリタはソフィアに、その期間中は「マリアナは幼稚園に行っていた」とだけ語りましたが、ソフィアはこう述べます。翌年、マリアナがフォールストン小学校の一年生になると、教師は「お子さんは学校で何をするのかわかっていません」と言い、おそらく以前、学校にいたことがないのだと報告しました。マリアナは勉強面ではほかの子どもにすぐ追いつきましたが、人間関係では孤立していました。

約三年前にフォールストンに戻って以来、カルメリタは何人かの男性と付き合い、そのうち二人とはワンルームのアパートで、娘たちと住んだことがあります。彼女は短期間のうちに工場作業員、またファストフードレストランで働き、現在は生活保護を受けています。

ソフィアは昨年、マリアナに傷のあることが何回かあって気がかりでしたが、マリアナはたまたまついた傷だと言いつづけています。六カ月前、カルメリタはソフィアに、もしマリアナへの質問を止めなければ「孫に会うことは二度とないだろう」と警告しました。

やけどをする前に、マリアナはフォールストン小学校の三年生に在籍していました。学校からの報告書によれば、マリアナは今年の初めに標準状態検査を受け、全教科で学年級と同じか上回っていることを示しました。マリアナが母親から離された後、ソフィアは彼女をウェブスターにある聖マリーズ教区学校に入れました。現在の担任はマリアナが「集中できず、頻繁に席を離れ、もし以前に読み方を習っていても忘れてしまったようです。彼女は頻繁に別の子にけんかを仕かけ、社交性に乏しいようです」と報告しています。

マリアナに異常な既往歴はありません。幼児のときは何度も耳の感染症にかかりましたが、結果的に医療上の問題が残った形跡はありません。やけどの手当てのため中央病院診療にかかっていますが、担当医の報告では正常に治癒しつつあるといいます。母親の物質使用疑いに注目して、最近になってＡＩＤＳの検査を受けた結果は陰性でした。

子ども保護機関のマリアナ担当ケースワーカーであるダレイ氏は、翌月の聴き取りの際、カルメリタがマリアナの養育権を再獲得しようとはしないだろうと予想しています。子ども保護機関は調査を続け、翌週に再度マリアナの面談をする予定です。現在、アリシアをカルメリタの養育から離す必要性について評価しているところです。

クライエントとの接触

マリアナは週一回の個人セッションを四回と、祖母同席で二回の面談を受けました。警戒していて、すぐに動揺して涙する、寡黙な少女です。母親が恋しいと言いつづけ、母親が適切な方法で娘に対応していないようだという考えに困惑します。母親がやけどを負わせたことも否定し、母親は「私がアイロンの上に倒れたときは外にいた」と言います。また「私が悪かったから」やけどを負ったと述べます。彼女はセラピーに「毎日」来たいと言い、たとえ「私が言うことを聞かないから」母親に引き離されたと言いつづけても、つらい出来事を話すと楽になると感じているようです。

マリアナは、今は自分の気持ちをいくらか楽に話せるけれど、幼少期の経験や機能の知られざる側面を考えると、現時点での彼女の予後は適正であると見積もることができます。

DSM-Ⅲ-R診断*

Ⅰ軸（臨床症候群とVコード）：
309・40（DSM-5：309・4）感情と行為が混交した逸脱を伴う適応障害
Ⅱ軸（発達障害と人格障害（含む精神遅滞））：
799・90（診断または状態の保留）遅れ
Ⅲ軸（身体疾患および身体状態）：
背中にやけどのある健康体の子ども
Ⅳ軸（心理的社会的ストレスの強さ）：
心理的ストレッサー：身体的トラウマ、および親からの急な分離
重症度：6　破局的
Ⅴ軸（機能の全体的評価）：
過去一年の適応機能の最上位程度：40　現実吟味か意思伝達にいくらかの欠陥**

MSWスーザン・ルーカス＝作成

*——現在はDSM-5に改訂されているため、記載内容は参考にとどめていただきたい。
**——原書では、「4 適正」とされているが、GAF4であると最低に近い水準で「適正」では整合性が取れない。DSM-Ⅲ-Rの「40 現実吟味か意思伝達にいくらかの欠陥」と訳者の判断で修正した。

第14章 ここからどこへ向かうのか

継続学習

この本を読み終え、臨床技術で身につけたことに、ここで書かれたアセスメントツールをすべてを加え、初めてのアセスメント結果を書き終えたら、治療の初期段階を達成したといえます。自信をもつだけでなく、次の段階に向けて行動する意思や能力を身につけてください。セラピーでクライエントに関わる意思と能力だけでは十分でないことを自覚しましょう。あなたの関心、敬意、興味を伴う傾聴がなければ、セラピーは成り立ちません。さらに、自分以外の民族、文化、社会、精神的経験に対して、批判ではなく好奇心をもつことの重要性も忘れてはなりません。そうすれば、この仕事が好きになるだけでなく、素晴らしいセラピストになれるでしょう。

この短い章では、以上の目標を達成するために、さらに先へ進む方向を示すことにします。

今あなたが学生なら、家族療法や子どもの治療など、臨床実習経験に関連する理論を学べる履修科目を組んでください。それが難しければ、コピーを取らせてくれそうな人に、参考文献一覧の資料を頼んでください。

この本で簡潔に述べてきたテーマについては、理論や実験を扱った本があります。それを読めば、臨床につながる社会的、民族的、文化的、観念的、道徳的見解を広く研究できるでしょう。そこから自分に必要で読むべきものを見つけましょう。本を読んでも見つからなければ専門誌に当たって、それでも足りなければ他の専門職の研究誌を読みます。図書館に行って、資料を探して見つけましょう。

あなたが学生でなくとも学びつづけることはできます。多くの都市には、専門職の協会、研究所、ワークショップ、講習会など継続教育のための機会があります。上級者向けの訓練や学ぶ機会を提供することを目的としたものもあります。そのような機会が少ない地方都市に住んでいても、地域の臨床家に連絡を取り、同業者との議論やスーパーヴィジョンに参加して学ぶことはできます。問題に取り組む臨床活動と同じように、関心をもつ人々と定期的に会って議論することができます。もちろん、事例を扱う際には、具体的な事実を加工することを忘れないようにしましょう。

学生でも経験を積んだ者であっても、専門職の組織に所属しましょう。自分の所属機関の研究に役立つかどうかは別として、専門職の組織は役に立つ資料を提供してくれます。たとえば、倫理的行動の手引、実践ガイドライン、政治的関心や実践管理の問題や社会的活動の情報を掲載した会報、現在の研究や臨床の動向を反映した学会誌、同業者の登録者名簿などです。

こうした利益以上に、それらの資料は臨床家として知っておくべき法的義務の最新の情報源になります。すべての法律と同じように、臨床家の役割や責任は、日々更新され、変化し、拡大され、議論されています。ある地域の新しい法律制定や判決が、国に承認される先例となるかもしれません。昨日の適切な実践が、明日には不適切となるかもしれません。現在あなたが学生であったとしても、こうした変化に注意を払いましょう。いずれ自分の職責と関連することですから、早いうちから学んでおくとよいでしょう。

学びつづけることは、この仕事の最も重要な資質です。クライエントの要求をさらに理解し、満足の行くものとするため、継続して情報収集することも臨床業務のうちです。あなたが臨床のことを考え、話し、読み、教え、書き、理想を描くならば、決して飽きることはないでしょう。そこに臨床家の喜びと誇りがあるのですから。

●覚えておきましょう

- 感心、敬意、興味を伴う傾聴なくして、セラピーは成り立ちません。
- 学びつづけることは、この仕事の最も重要な姿勢です。

監訳者あとがき

本書を訳すことになった経緯は、日本心理臨床学会大会時に金剛出版の編集者の藤井さんと、心理士の業務のあり方について語り合ったところから始まる。その当時、私は浦河べてるの家という、北海道のさらに地方にある、精神障害者支援を行う福祉事業所に勤めていた。臨床心理士の資格を有していたが、国家資格でもなく、心理士が職場内で位置づけられていない環境のなかで、心理士という自覚を持ちながら日々の業務に取り組んでいた。しかし、心理士でありながら心理検査をするわけでもなく、個室で面接業務をするわけでもない私は、自分自身の心理士としてのアイデンティティを問われ、「心理支援とは何だろうか」と模索する日々を過ごしていた。結果として、地域にあるコミュニティで働く心理士としての自覚を持つようになったわけであるが、標準的な心理士のあり方からすれば例外であるといえる心理士の実践だったらしい。そんな私の動きに藤井さんが興味を示して、本書を紹介して翻訳を勧めてくださったのだった。

本書の著者のルーカス氏は、心理学を学んだ医療ソーシャルワーカーであり、そのようなご自身の立場が本文に反映されている。だからといって、日本でいうソーシャルワーカーのイメージとは異なり、アメリカのソーシャルワーカーやカウンセラーの事情を反映してか、心理士による心理支援とソーシャルワークの両面を重ね合わせた内容が展開されている。そのため本書は、ソーシャルワーカーはもちろんのこと、心理士が読んでも大変有益な内容を含んでいる。こうした本書の特徴は、私が業務を行っていた世界と重なるところが多く、翻訳を進めていて「わかる、わかる、そうだよね」とうなずける、具体的な臨床場面がイメージできる内容に満ちている。また本書の特徴は、断定的ではなく慎重な物言い、臨床家としての経験に裏打ちされた気づきや配慮、重要な話題が繰り返し論じられる展開となっている。こうした語り口には、ルーカス氏の研究者というよりも臨床家らしさが反映されているようである。良い先輩、スーパーヴァイザーとして、学生や後輩のために臨床経験をあますことなく伝えようとする教育者の配慮と熱意を感じさせる。

また本書の翻訳中、公認心理師の試験が始まった。公認心理師の理念には、臨床心理士のあり方をより良く発展させていこうという要素が含まれている。多職種・地域連携やアウトリーチによる支援が強調されている（残念ながら、コミュニティ心理学の発想が弱いままであるが）。心理支援のあり方としては、従前の心理士の業務のあり方から、より広い活動が期待されているように思う。その点においても本書を、ソーシャルワーカーの業務だけではなく、公認心理師にも役立つものとしてお勧めしたい。

最後に翻訳について説明をしたい。まず池田と久納が下訳を行い、佐藤が全体を訳し直し、さらに小林が見直すという手順で進めた。原書の語り口の特徴から日本語に訳すと前後関係がわかりづらいところや歯切れの悪くなるところが多くあり、意訳や補足など、かなり手を入れることになった。ご理解いただきたい。また、翻訳が遅々として進まないときも理解を示し、校正の段階においても多大な労をいとわず、的確な指摘をくださった編集者の藤井さんに、この場をお借りして感謝いたします。

二〇二〇年一二月

小林　茂

た

な

は

ま

や

ら

わ

さ

索　引

著者略歴

スーザン・ルーカス（*Susan Lukas*）

医療ソーシャルワーカー（MSW）、コミュニティソーシャルワーカー（CSW）。ハンター・ソーシャルワーク学院卒業。The Jewish Board of Family and Children's Services（ニューヨーク）にシニア・ソーシャルワーカーとして勤務、ニューヨーク・ナイアックにて個人開業（原書刊行当時）。

監訳者略歴

小林 茂（こばやし・しげる）

札幌学院大学心理学部教員、日本キリスト教団幌泉教会牧師、北海道キリスト教学園光の園幼稚園園長。はばたき福祉事業団北海道支部HIV派遣カウンセラー、札幌なかまの杜クリニック心理士などを兼務する。

主著 『病棟に頼らない地域精神医療論』（共編著・金剛出版・2018）、『コミュニティ支援、べてる式。』（共編著・金剛出版・2013）ほか。

訳者一覧

池田佳奈（いけだ・かな）

京都府立大学卒。ILSC Brisbane（Australia）修了。商社勤務。

久納明里（くのう・あかり）

青山学院大学卒。ワイズ・インフィニティ（映像翻訳学校）卒。翻訳業、ヨガ・インストラクター。

佐藤愛子（さとう・あいこ）

北海道大学大学院教育学研究院修了。公認心理師。

ソーシャルワーカー・心理師必携《しんりしひっけい》
対人援助職《たいじんえんじょしょく》のためのアセスメント入門講義《にゅうもんこうぎ》

2021年 2 月10日　印刷
2021年 2 月20日　発行

著者 ──── スーザン・ルーカス
監訳者 ─── 小林 茂
訳者 ──── 池田佳奈　久納明里　佐藤愛子

発行者 ─── 立石正信
発行所 ─── 株式会社 金剛出版
〒112-0005 東京都文京区水道1-5-16　電話 03-3815-6661　振替 00120-6-34848

装丁◉戸塚泰雄(nu)　装画◉モノ・ホーミー　本文組版◉石倉康次　印刷・製本◉太平印刷社

ISBN978-4-7724-1815-7 C3036　